西班牙／巴塞隆納／聖家堂

# 「珍」的很會玩，
# 歐洲篇：

### 幸福旅遊達人郡珍，
### 教你聰明旅行，快意人生玩透透

作者◎郡 珍

瑞士／策馬特火車站／冰河列車

瑞士／琉森／
琉森湖畔／
與家人合影

瑞士／琉森湖畔／
和外甥女合影

瑞士／少女峰／
普拉特展望台

2

挪威／特羅姆瑟／極光 大爆發

葡萄牙／波多／萊羅書店

西班牙／塞維亞／某餐廳

英國／愛丁堡／
卡爾頓山／
鳥瞰市景

瑞士／少女峰／
歐洲最高峰

瑞士／
琉森火車站

英國／劍橋／康河

瑞士／琉森／
姊姊家合影

瑞士／琉森／
嘉年華與家人合影

英國／巴斯／
皇家新月樓

瑞士／琉森／
與家人合影

英國／倫敦／
白金漢宮

英國／牛津／嘆息橋

義大利／威尼斯／聖馬可廣場

荷蘭／桑斯安斯／風車村

7

荷蘭／風車村／桑斯安斯

比利時／安特衛普／市政廳廣場

荷蘭／
阿姆斯特丹／
梵谷博物館

瑞士／策馬特／馬特洪峰／冰川天堂

瑞士／搭乘少女峰火車

英國／溫布頓／
中央球場

英國／伯克郡／
溫莎古堡

英國／倫敦／
大英博物館

英國／劍橋大學

法國／凡爾賽宮

英國／曼斯特／
老特拉福球場
球員休息室

法國／
戈爾德石頭城
(Gordes)

法國／巴黎／
塞納河畔

義大利／龐貝　　　　　捷克／契斯基庫倫隆　　　　捷克／契斯基庫倫隆

奧地利／維也納／城市公園　　　　奧地利／維也納／百水公寓

西班牙／
皇家馬德里足球賽

梵諦岡

葡萄牙／波多／
路易士大橋

葡萄牙／里斯本／
榮耀電車

義大利／威尼斯／
貢多拉船

克羅埃西亞 16 湖

丹麥／哥本哈根／新港

挪威／特羅姆瑟／
極光大爆發

冰島／傑古沙龍冰河湖

克羅埃西亞／
扎達爾

斯洛維尼亞／
文特加峽谷

瑞典／
斯德哥爾摩／
舊城區

斯洛維尼亞／布萊得湖

丹麥／哥本哈根／
小美人魚銅像

英國／約克／貝蒂茶屋

14　　西班牙／巴塞隆納／聖家堂

英國／愛丁堡／街景　　　　義大利／威尼斯／嘆息橋

瑞典／斯德哥爾摩／騎士島教堂

西班牙／塞維牙／西班牙廣場／
與友人合影

德國／羅騰堡／
與當地友人合影

瑞士／日內瓦

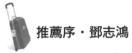

# 任俠仗義的女生

　　2008 年春節，我去東京旅遊，回程遇上了航空公司超賣，有三四十人上不了飛機，大家七嘴八舌，有人用英文和航空公司櫃台交涉，眾所周知，日本人英文大半不靈光，這下雞同鴨講，一著急，連國罵都飆上了，正在僵持不下之際，有一女生從人羣中竄出，用她流利的日語，據理力爭，大夥一時好像看到了救星一般，全閉嘴，只用眼神當啦啦隊，沒有多久，我們吃住全部搞定，並且第二天順利搭機返台。那個女生叫張郡珍！

　　我佩服她的勇氣和機靈，她也不嫌棄我這張老臉，打那會兒開始，我們成了好朋友！

　　2015 年雙十節，老鄧我在台北國賓飯店舉行婚宴，郡珍從竹北來幫我壯聲色！2018 年 9 月 13 日我在台北中山堂舉行「從藝 40 週年紀念演唱會」，她也是早早就買了票，給我捧人場……

　　去年二月我和內人上阿里山公興國小閉關修煉，再加上疫情，真的是連鬼都懶得上門！八月，郡珍突然來訪，讓我們兩個寂寞到死的人，喜出望外，也就在那個時候，

知道她要轉型，做旅遊業，特別是幫人規畫自助旅行，而且立馬要去歐洲探索，冒險！我們當下給予最大的祝福…

雖說如此，我家老婆大人，不免替她捏一把冷汗，她單槍匹馬，隻身孤影，又是異國他鄉，會不會有危險……我說免驚！沒事，吉人自有天相……

何況，她的英文不賴，日語不俗，電腦也不在話下，又有行俠仗義之風，江湖對她來說，只是等閒而已！

她能帶我們看我們沒有看過的，她能帶我們經歷我們沒有經歷過的……當我們打開她撰寫的旅遊書的那一剎那，就已經到達她為我們精心策畫的地平線的那一端了…

鄧志鴻（Vent Teng，1950 年—），出生於台灣，台灣男演員、男主持人，世界新聞專科學校（世新大學前身）廣播電視科畢業，擅長腹語。其三弟鄧志浩是鄉音四重唱主唱、九歌兒童劇團創辦人。

推薦序‧林廷芳

# 這樣的人生，「珍」的很好玩

　　有一天，接到郡珍 Jane 的來電，希望我能夠為她多年旅遊經驗分享新書作序，當下我與她分享一個故事：

　　五年前我住的 40 年的老房子漏水需要整修之故，在書架上整理出許多書籍，本著惜紙愛書的心情，將它分門別類後裝箱送到離家不遠的牯嶺街舊書攤（現在僅存一兩家）送給書攤老闆，期上架代覓有緣愛書人。書攤老闆很直白的跟我說有幾類的書他不收，建議我直接送到資源回收場，旅遊的書就是他口中所說的第一類，原因無他；現今最新的旅遊資訊，隨手可自旅遊部落客，還有谷歌大神信手取得，擺在書架上只會占空間無法再流通。聽完這個故事後，郡珍並沒有打消初衷，當我收到她的初稿後恍然大悟，這一本並不是在報導旅行風光的旅遊書，而是她多年旅遊的心法分享。在為她喝采之餘，為其提筆作序，也分享我超過半世紀來旅遊的心得，與其相互呼應。

　　曾經聽過一句對於旅行這碼事十分戲謔的描述——「旅行，不過是在加深你對那個地方的成見」；比方說，過去到非洲，導遊會帶你去生活條件比較困苦的地區，驗

證你對非洲生活貧窮落後的印象，到某些國家去體認治安敗壞的黑區，回來後你的心得就會寫上「果然如此」，跟行前閱讀旅遊的書描述的一樣……

抑或是，這個地方這個國家我去過了，護照上已經蓋了章、收集完畢不必再去了。回國後到處炫耀他已經去過多少國家，換過多少本護照，卻依然對拜訪地方的風土人情一無所悉。

另一種經常遇見的情況是，出國看了大山大水，驚嘆不已，也照了不少照片，回來集結成冊，但坐在電視機前面，打開 Discovery 或是國家地理等等頻道觀賞紀錄片的時候，才覺得這些紀錄片可以完全扼殺自己旅遊拍攝照片／影片的心情。

所以我說郡珍 Jane 寫的這一本書不應該歸類成旅遊的報導，在本書她將多年旅遊的經驗，心情的轉換整理出一套「旅行者」的心法，從心理準備、計畫、展開行動鋪陳直述，條理說明。相信讀完這本書之後，讀者在下一次的旅行絕對會有不一樣的體悟。

千里之行始於足下，開始計畫您下一趟的旅行吧！

2023.11 於日本京都

勤美集團董事長　林廷芳

## 推薦序・齋藤由勝
# 旅行就是生活的目的

　　旅は人生を　えるとも言われているが、筆者の本を　んだ時、旅することが生きる目的

　　だったんだと感じさせられた。

　　日常生活の中では　に味わえない、その国　自の文化、習慣、人、それを肌で感じ

　　理解し、自分の人生の中で反復　用していく。

　　今回筆者から紹介文の依　受けて書いているが、私自身普通のサラリーマンであり、

　　旅についておいそれと書くことはできないし、得意ではない。

　　ただ、筆者とは上司と部下の　係性から何か言えるとすれば、旅することでその人の

　　人生が UPDate できるようなものだと思う。

　　今から 20 年以上前、よく筆者は長期休暇を取得していた。長い物では 1 ヶ月あったと

　　記憶している。どこに行ったのかあまり聞かなかっ

たが、ってきた筆者からの話しは

　自分のいった場所についてとても興味深く、そこで自分が何を影響受けたのか話していた。いろんな国で人々の考え方や文化など肌で感じるうちに、人との境界線が段々と

　無くなっていき、筆者はどんな人でも話しかけられるようになっていた。

　何事も貪欲に疑問を追求し、相手を理解するだけでなく、自分も 足する。

　この本を手に取って、旅すること＝生きることを感じてほしい。


多聯科技股份有限公司 廠長 齋藤由勝


【譯文】
　有一種說法是旅行改變生活，但當我讀作者的書時，我意識到旅行是生活的目的。
　也確實覺得是如此。
　在日常生活中，您永遠無法體驗到該國獨特的文化、習俗和人。
　在自己的生活中理解並經常運用。

這一次，我是應作者的要求寫介紹的，但我本人是一個普通的上班族。

我沒有精彩的旅行可以寫，更不擅長書寫。

但是，如果我能從上司和下屬的關係中說些什麼：

那就是我認為透過旅行的人生，是可以昇華並且精彩的，就像生活可以更新一樣。

20 多年前作者當時好像取得一個休長假的期間，記憶中約一個月，我沒有問她去哪裡了。回來時聽到她對所去過的地方感覺非常有趣，並且談到了那裡對她的影響。

隨著體驗到各國人民的思維方式和文化，與人之間相處的界限逐漸消失了，變得越來越普遍，自己也能夠和任何人交談。

作者在所做的每一件事上都積極探索並勤於追問，讓她不僅可以更理解對方，而且自己也感到滿足收穫豐富。

我希望你拿起這本書的時候，也和我一樣感受到旅行=活力充沛的生活。

# 「珍」的很會玩——歐洲篇

　　一位夢想實現家，一位熱中旅遊的歐洲旅遊達人。

　　隨著季節隨著風，隨著歲月隨著心，她走讀歐洲。

　　開展了一次又一次的深度之旅，打破了制式的旅行框架，創造了一趟又一趟的精采風格經驗，在她累積的豐厚經驗中，告訴我們到歐洲怎麼玩。

　　她，奇妙的在路過的風景中，走進自己〔珍會玩〕的生命力。

　　她，特別在素人的想望中，一步步的友善提醒，在旅行的翻頁裡，如何「玩」出貴人思維，建立正向的能量磁場，散發出美好的心靈力量。

　　見到她時，堅定的眼神，把歐洲旅遊世界擴大的決心，樂於分享的熱情，一定要完成的人生使命。您肯定對她的勇氣與信心，按下 100 個讚。

　　郡珍老師帶著你突破旅行的框架，如何克服對國家的陌生感，語言不通的困境。做沉浸式的深度景點規畫，從如何做主題企畫，景點的彈性定位、定時、定格、定局、定點、定序、定心……的思維拓展，她有如老達人般娓娓

道來，彷彿鄰家的姊姊妹妹般的殷切親和，也以完美達人的謹慎叮嚀，帶著你周遊歐洲各國。

告訴你如何掌握旅行經濟學，在各國的景點裡，如何不走馬看花的過場，又絕不可錯過的重點加值，能舒適愉快的帶眾人跨進藝術／文化／歷史／人文的巡禮，經歷一場場古老與現代的對話，做一次次的社會雕刻與呈現自我實現的價值。

還分享讀者不可不知的 10 條地雷防止區。

「知識來自於書本

視野卻由旅行拓點」

邀請您一起來和歐洲旅行達人，共享「珍」會玩的善與美。

出版總策畫 時兆創新—時傳媒文化事業體

創辦人 林玟妗

社商名片 QR Code

前言

# 人生苦短，不要蹉跎時光，
# 旅行去吧！

　　喜歡旅行嗎？我想，如果沒有特殊的身心狀況或時間限制。人們應該都是喜愛旅行的吧？畢竟，人生苦短，如果從出生到年老，生活圈就只侷限在身邊周遭幾公里範圍內，那也太辜負地表這個廣大世界了，不是嗎？

　　地球表面積有 5.1 億平方公里，扣除掉海洋，陸地的部分則有 1.4 億平方公里。那是甚麼概念呢？假定一個人可以把一生都用來旅行，從呱呱墜地到安息長眠，這中間還需減掉無知無感的幼兒期以及身體衰老不適走動的銀髮期，以放寬標準來計算，算是還有七十年吧！總共約 25,550 個日子。那平均一天要造訪 5480 平方公里，才能踩踏過每一塊土地（一個參考值，台灣總面積 36197 平方公里，以 5480 平方公里來概算大約就是基隆、台北、新北、桃園以及新竹加起來全部「走透透」，都要在 24 小時內完成）。

　　當然，這裡只是和讀者來做一個觀念分享，我本身並

不鼓勵那種「不問天長地久，只要曾經擁有」的沾醬油式旅行，如果只是拍個照表示本人曾「到此一遊」，卻沒真正融入一個地方，這樣的旅行不僅是我反對的，事實上，在本書我也要強調，旅行就是真正去感受不一樣的人物地景風情，唯有這樣才是真正的享受旅行，而非成為旅行的奴隸。

然而，還是要大力推廣旅行的重要。

旅行，不問年紀，只要健康許可，能夠旅行或外出走走，遠至北極冰洋看極光，近則市郊公園逛逛，都是好的。

我也知道讀到此，讀者第一個反應會是甚麼？大部分人會說，旅行？誰不想啊？可是也要有錢有閒啊！

其實旅行，我指的是長途旅行，的確要有錢有閒，但我知道大部分人不能成行，並不是真的卡在沒錢沒閒，而是卡在自我設限。

有錢很重要，然而，並非只有富豪才能做到歐美這樣的長天數旅程，其實只要做好規畫，每個人都可以來一趟歐洲文明之美，重點是，要懂得行前財務規畫。至於沒閒，多半也是一種藉口，若有心，一定可以排出時間的，仔細想想，其實我們平日浪費很多時間在窮忙或浪擲時光，如果經過認真安排，例如把工作有效率地完成，挪出

一段假期，或者像學生放寒暑假般，讓自己有更長時間舒緩身心，那都是可行的。

再次強調，人生苦短，世界卻很大。不要讓自己永遠只處在看著別人乾羨慕的狀態，不要當年紀大到無力走動時才來後悔：怎麼這一生，都只關在這有限的地理框框裡？

世界真的很大，實務上，就算窮盡一生，也很少人可以真的走遍五大洲的每個角落（據我所知，從古至今沒人可以做到），但如果以感受一個地方為主的旅行，那只要掌握該城市的重點景觀就好（以台北為例，一個外國朋友，不需要真的把台北市 12 個區，456 個里都去過，花個兩三天到處走走，就足以「認識」台北）。

以這樣的方式，人們有機會都可以去到世界各地，甚至環遊世界也可以不只一圈兩圈，都是可以做得到的。

以我本人來說，酷愛旅行的我，在出書這年人生也才剛走到中年，但我已經造訪過數十個國家。並且很多地方我去過很多次，是真正融入在地，真的可以一閉上眼睛，彷彿就再次聞到該地的空氣氛圍一般的熟悉。其中，我特別熱愛，也的確在旅行天數上目前排名第一的，就是歐洲。特別是近些年來，可以說，我不是人在歐洲，就是在準備前往歐洲的籌備階段路上。

歐洲真的太美了，當然，其他國度，好比亞洲的日韓、東南亞，或太平洋彼岸的美國，也有美不勝收的景光，但做為與讀者初見面的旅行導引切入點。本書我就以歐洲做為起手式。

　　我想要透過本書，跟讀者分享的不僅僅是旅行的觀念及見聞，重點是「聰明的」旅行，也就是既省錢又能玩得充實，也真正可以留下美好回憶的旅行。

　　本書不是個人遊記，也不是純粹的旅遊指南工具書。而是以歐洲旅行為主軸，我分別要闡述旅行（不論是歐、亞、美、非、澳）的訣竅、以及一次平安順遂的旅行要注意的事項，然後進入以歐洲四大範疇（北歐、中歐、南歐、西歐）分別導引介紹的旅行分享。

　　也歡迎閱讀完本書後，有興趣想了解更多旅行規畫細節的讀者，可以與我做連結互動。關於旅行的事，我都很樂意分享。

　　有人問我，你去過的地方哪裡最美？答案是，所有的回憶都很美，也許今天你回憶起瑞士，也許明天你回憶起義大利，只要有回憶的地方，真的就很美。

　　重點是：你要曾到訪過，才能留下那些回憶啊！

　　收拾起心情，讓我們攤開一張世界地圖（或者線上Google找出世界五大洲圖），想想，Wish I am There。

一切都有可能，只要你願意相信。

現在，讓我們開始規畫旅行吧！

# 目 錄・CONTENT

# 旅行珍有趣

郡珍與你分享旅行觀

**Chapter.1**

# 開展一生的旅遊情

　　談旅遊，找達人。有人要問，郡珍老師，妳經常旅行，是因為妳是富二代出身，不用上班忙生計，所以可以把時間都花在旅行上嗎？抑或妳的職業是導遊？旅行本來就是妳的工作？

　　答案是：以上皆非。

　　如今的我雖然已算半退休（我是 2023 年 5 月正式離開職場），但在那之前我的生涯跟大部分人一樣：我也是個日夜奔忙的上班族，這樣的職場生涯也有二三十年。如果是純靠繼承財產式的富家女旅行，我就不會出這本書了。之所以出這本書，就是要讓大家知道，我可以做到，你也可以做到。

　　我也不是在旅行社服務的導遊，事實上，我所知道的導遊生涯，反倒他們很難真正去旅行，往往是針對幾個固定景點去了 N 次，別人是休假他們卻得扛責任，如此一

刻不得鬆懈的工作，對他們來說旅遊已經談不上樂趣了。我不是這種型態的導遊，如今的我是以分享旅行經驗的方式，經常和朋友組團出國遊歷。

我怎麼成為旅遊達人的呢？我愛上旅行，也是年輕時候因緣際會。然而一旦愛上了，就發現真的這是多麼美好的一件事。如果一個人無法常常去旅行，那至少每年給自己一段時間，去異國增廣見聞，這才不負人生。

◇ **身為旅遊達人，郡珍的豐富歐旅經歷**

以下是我上班族時代的旅行經歷（只列歐洲部分）：
◎ 1997.02 瑞士 15 天
◎ 2000.03 瑞士、義大利（米蘭）15 天
◎ 2002.07 英國 15 天
◎ 2005.07 義大利、瑞士 18 天
◎ 2010.07 法國、瑞士 18 天
◎ 2012.07 英國 21 天
◎ 2014.10 德國 14 天
◎ 2015.07 瑞士、法國、義大利 18 天
◎ 2016.02 英國、比利時、荷蘭 15 天
◎ 2017.07 丹麥、瑞典、挪威 18 天

◎ 2018.02 西班牙、葡萄牙 18 天

◎ 2019.02 葡萄牙、西班牙 18 天

過了 2020 年後，雖然碰到全球疫情，不能出國旅遊，依然喜愛四處趴趴走選擇爬山，以北部地區郊山，中部以合歡山為主。2022 年，隨著各國逐步解封，我也就更能放開心懷，到處遊歷。特別是歐洲，是我一生的最愛，以 2022 年下半年來說，我幾乎全部都在歐洲，真正做到深度旅行。從六月出國門，到十一月才回國。被造訪國家，長則停留近一個月，最短也有四天

以下簡單條列我 2022 年的歐洲行程：

※ 從 6/25-7/22 英國（28 天）

※ 從 7/23-7/26 比利時（4 天，出國門至今 31 天）

※ 從 7/27-8/2 德國（7 天，出國門至今 38 天）

※ 從 8/3-8/8 捷克（6 天，出國門至今 44 天）

※ 從 8/9-8/11 奧地利（3 天，出國門至今 47 天）

※ 從 8/12-8/14 斯洛維尼亞（4 天，出國門至今 51 天）

※ 從 8/15-8/25 克羅埃西亞（11 天，出國門至今 66 天）

※ 從 8/26-9/7 義大利 加梵諦岡（13 天，出國門至今 79 天）

※ 從 9/8-9/17 冰島（11 天，出國門至今 90 天）

※ 從 9/18-10/9 挪威（21 天，出國門至今 111 天）

※ 從 10/10-11/1 西班牙（22 天，出國至今 133 天）

可以看到我有約五個月的時間，都在歐洲這塊土地上，到處品味各地風情。

而我雖然人在國外，但我的每次行程都是不同組合，實務上，少數是單獨旅行，我喜歡和不同的朋友相處。事實上這也是旅行的一大樂趣：交朋友、增廣見聞。所以以上所列每一段旅程，都是有安排旅伴，並且我是做好長期準備，預先就找了志同道合的朋友。

首先，我透過平日以旅遊為共同興趣所建立的臉書或 Line 群組，發出訊息，找到願意一同歐洲旅行的隊友。在那之前，我以導師身分（畢竟，歐洲旅行我是真正達人，走歐洲已經就像走自家後院那般輕鬆），提供我的一個旅行計畫。然後「分段式」的邀請不同朋友來參與。

舉例來說，可能有一群朋友陪著我，從德國到中歐各國那段，然後有的人因為假期時間有限或其他因素，這階段結束後要先回國。而這時又會有其他新朋友加入，從台灣飛來歐洲與我們會合，繼續其他國家行程。

總之，「我」是不變的核心，以我為中心，想要歐洲旅行的朋友們，可以彈性安排，參與這長達三~五個月中的不同階段。

這是我喜愛的旅行模式，也是我推薦讀者的一種模式：既安全，又有效率（省錢省時間）。

　　未來我也會持續以這樣的方式，跟來自各地包括來自台灣，也包括其他異國朋友，例如跟歐洲在地新認識的朋友組團。

　　如此，旅行有了雙重的意義：既是地理上的旅行，也是心靈交流方面的旅行。我很喜歡這樣子的旅行，每次都可以留下難忘的回憶。


### ◈ 人生中總有貴人

　　說起我的旅遊人生，要回溯到我二十多歲，仍算社會新鮮人的時代。

　　可能有讀者會認為，像我這麼愛旅行的人，應該很嚮往自由，也推測我年輕時候應該是那種經常換工作，體驗不同公司文化的人。實際上，我卻是個用情很專一，對工作也很忠誠的人。在過往二十多年的職涯中，我只待過三家公司，我並非是「滾石不生苔」型的職場過客。

　　我接觸旅行，也並非血液裡流著甚麼愛冒險的基因，過往的我只是再平凡不過的上班族女孩，最終會踏上天涯走透透這條路，真的是因緣際會，簡言之：感覺對了，讓

我愛上旅行，就這樣愛上一輩子。

改變我思維的關鍵，就在於我遇到貴人。

在此也要跟讀者分享，人生中，貴人真的很重要。但貴人不是完全來自上天恩賜，也要靠自己建立正向的磁場：當你能夠散發美善的心靈力量，你自然會吸引到對的人。也會在人生不同時刻，有不同的貴人來幫助你。

對我來說，我在年輕時候以及日後每次的旅行途中遇到許多貴人，很多也都建立起長期的友誼，對每位讀者來說，如果可以，也歡迎你把我當成引領你愛好旅行的貴人，逐步讓旅行融入你的生活裡。

我遇到貴人主要有兩類：一類是在我身邊鼓勵我支持我的貴人，特別是我很幸運地，在我服務的公司，不論是老闆或主管，都贊成我旅行。甚至還鼓勵我多去海外增廣見聞。另一類是則是萍水相逢，在他鄉相遇相聚，那一雙雙扶我一把的手。有的可能只有一面之緣，在我迷路時給我指引，或在我遇到狀況時及時救援，雖然只是剎那交會，然後各奔東西，卻成為我日記裡感恩的回憶。有的則建立更長久的友誼，至今我有很多在海外認識的朋友，平常信息往返，有機會也會互訪對方國家，做家庭拜訪或者就直接借宿。

都是珍貴的人生故事。

不包含小時候短天期的旅行，我的人生中第一次的長途海外旅行，是在 1997 年。第一次出國，去的就是遠隔重洋，飛航時間超過十小時的歐洲，當時我是跟隨姊姊，她因締結了跨國戀情，遠嫁到瑞士，也讓我有這個機緣可以帶著妹妹去了歐洲，是探親也是旅行。造訪的第一個國家是瑞士，目的地是我姊夫的故鄉琉森（Luzern）。

　　當然，都大老遠去了歐洲，也不會去去就回，除了姊夫的故鄉外，我跟妹妹買了 Swiss Pass，一起去了少女峰山區一段難忘的自助旅行。人在異鄉，老實說，初始內心還是有些惶恐的，連要搭火車，也是心中很多疑問，很多事不懂。就在那時候，我們詢問一對夫婦該怎麼搭火車上山？也剛好那對夫妻就住在格林德瓦（Grindelwald），不但溫馨的當我們響導，還邀請我們去他們的家，感受到滿滿的溫情之餘，臨走前還送我們麵包。這讓我的第一次出國旅行，有了很好的印象，覺得瑞士人真的很友善，也因為這樣的感覺，之後也去了首都伯恩（Bern）、日內瓦（Geneve），及姊夫的朋友家，過程除了遊山玩水，品味異國美食還有感受不同文化外，我們還嘗試滑翔翼，也跟家人們去參加盧森的嘉年華會，留下很美好的回憶。

　　就從那次開始，我就愛上了歐洲自助旅行。

　　此後若有機會，我就安排旅行，其中亞洲地區，因為

距離較近還有工作上的關係，比較常去。而歐洲雖遠，也心中念茲在茲，一旦累積到足夠年假就安排一趟，每趟都是兩周起跳。

也就是這樣一年年下來，我去過歐洲大部分國家，而到了 2022 年，雖然很多已是舊地重遊，但依然百遊不厭，一方面歐洲也是很大，不管去過幾遍依然還是會有之前沒去過的地方，另一方面，就算從前去過的城市，抱著懷念的心情，每回也都有新的感動。旅行，就是這樣令人悸動。


### ◈ 感恩老闆的鼓舞

你的老闆是怎樣的人呢？我覺得一個好的老闆，不會只把員工當成為公司賺錢的工具，而是要把員工當成是一起打拼的夥伴，把員工照顧好，他們自然會誠心誠意為公司付出，這是我真心的看法。以我本身來說，我因為遇到開明的好老闆，不但關心我的日常生活，也會鼓勵我有機會要多多旅行，實務上，當員工拓展視野後，也可以用更寬廣的格局來為公司做事。我也在休假後，能夠用更成熟的心境，處理公務以及與其他同事更和睦相處。

依勞基法規定，工作滿一年起，員工就可以有七天的

特休假；滿兩年，有十天；滿三年則開始有兩周的年假。歐洲旅行，我覺得若要玩得深入些，兩周是最起碼的要求，對職場的朋友來說，只要在同一家公司服務滿三年，就可以達到，並非遙不可及的事。如果是二十出頭就進公司，那開始請長假出國，彼時也都還依然是二十歲代，所以年輕人要去歐洲旅行是絕對可以的，重點是有沒有預先規畫，安排時間。

我很幸運，我遇過的老闆都是不僅愛護員工，並且所提供的福利，都還比政府規範的要多。

我知道有些老闆或公司主管，可能看到員工要請長假，會有意無意的表示不滿，甚至暗示請假太久，可能會進度脫節，到時候不保證還有工作等等的。我那時候的老闆，可是非常大器的，員工出國旅遊，是被鼓勵的，不但鼓勵，還有獎勵：公司竟然還提供旅遊獎金，你看有多好。

也非常感恩有這樣的貴人老闆（勤美集團董事長：林廷芳先生）以及公司文化，這讓我可以旅遊築夢踏實。其實看老闆的過往人生，也就知道他為何那麼願意鼓勵員工旅遊。林廷芳先生本身曾是奧運國手，他的成長體驗，也對我追求旅遊夢有所影響。原來，當年林廷芳雖是代表台灣參加奧運的選手，但因為國家名額限制，那時想出國受

訓，卻因為不在教育部名單上，而必須自費出國。那個年代，以他父親的月薪，才只有六千，而出國卻要花費超過十萬元，是媽媽去標會，籌出這筆錢他才能出國。也因為如此，他更珍惜出國的機會。那回的出國，也的確大大開拓他的視野。日後他自己創立了事業，也願意照顧自己的員工，同時也提供好的機會，讓大家都能一起看看世界，開拓心胸。

　　所以在我還是上班族身分（並且我的職位是屬於很重要的品保專業，經常也是很忙碌的），我也不會因為工作羈絆，而斷了旅遊夢。雖然那時候，我還無法做到年年去歐洲旅行，但的確是常態差旅，主要是公務上去日本、美國、新加坡，而我也珍惜每次飛去海外的機會，多聽多看多學，既增廣見聞，也提升心靈境界。

# Chapter.2

........................................................................

# 關於旅遊的迷思

　　旅行，對許多人來說，是一種犒賞，所謂犒賞，就是緣由於「難得」，如果一個人衣食無缺，戶頭的錢花不完，可以一天到晚當個空中飛人，那可能旅行就不會是很稀罕的事。即便如此，旅行也依然是種豐富的身心靈饗宴，從出發時的期待，到整個歷程的體驗，乃至種種的驚喜驚豔，都有著日常生活中其他事物難以取代的喜悅。

　　無論如何，旅行就是種可以帶來喜悅的事，對我們平凡人來說，通常一趟長途旅行，其帶給人的激勵效果，可以跟得到高額獎金、戀愛滋味、考試掄元以及獲得特殊榮譽獎章相提並論。

　　某個方面來說，旅行，特別是像遠達歐洲這樣的旅行，之所以珍貴，就是因為真的不容易。所謂不容易，無非就兩點：花費較大，以及要預留很長的時間。

　　另外也還包含，很多人有著錯誤的預設立場，可能把

歐洲旅行想成是遙不可及，乃至於有人認為是此生難以企及的白日夢。那樣的印象，除了因為的確地理上比較遠（所以飛機票比較貴）外，也包含著認為西方人（主要是歐洲人）都很富裕，他們的物價很高昂。

在本章，先來跟讀者討論一下這些迷思。

◈ 歐洲旅行一定要很貴嗎？

關於歐洲旅行，很貴嗎？

其實所謂昂貴與便宜，是相對的概念，如果一個人認為花費幾萬元就叫做貴，那就算只是去鄰國日韓的旅行，也是「貴」。如果換個說法會比較清楚：那就是去歐洲旅行「值得」嗎？畢竟若以消費者的角度，價格是否昂貴，取決於其帶來的回饋，或者就像現代人愛說的「CP 值高不高？」

就像我們平日午餐，有人說去自助餐店，叫個八十元的排骨飯，這是很平民的，相對來說，去西餐廳吃個幾百甚至破千元的牛排，那自然就是貴。但排骨飯真的便宜嗎？如果今天排骨飯漲價了，由八十元漲到一百元，很多人就開始喊貴了。明明才多二十元，並且排骨飯遠比西餐價格低太多太多了，既然一樣都可以吃飽，幹嘛一個只要

花百元？一個要花千元？

因為認為一百元的排骨飯「不值得」。

那現在我們要回過頭來看歐洲旅行這件事。

兩個問題：第一、怎樣的價格妳才認為「值得」？

第二、所謂值得，應該讓消費者得到哪些東西？

這也是本書要探討的重點。如何有效率的歐洲旅行，以及讓整個旅程覺得值得？

想想西餐廳為何那麼貴？除了基本原物料貴之外，還因為被灌了很多「附加價值」（其實是附加成本），例如有人說吃西餐主要是去吃「氣氛」的。氣氛怎麼定義？其實不一定可以定義，就好比服務好壞也無法具體來定價一般，也因此西餐廳報價可以比自助餐店彈性，排骨飯貴個二十元大眾哀哀叫，一客牛排價格從三四百元，到兩三千元都有，價格範圍很大，卻很少人抗議，因為願意付錢的人，就表示願意接受那個價。

反過來看歐洲旅行，如果以排骨飯的定義（也就是純看基本成本：亦即機票、住宿和日常食衣住行育樂開銷），應該有個基本價。但若要以吃西餐的觀點來看，歐洲旅行既然一向以來被視為是貴族旅行（就好像西餐被視為比較貴族，比較「高檔」的花費），那很可能就會被灌了很多附加成本。

在此我要導正的觀念是：

1. 歐洲旅行只是一種國與國間的交通，就好比去日本、去東南亞一般，旅行就是旅行，不需要被特別視為高檔旅行。

所以一般若把旅客當成「貴賓」（花費很貴的來賓），可能只是七八天的歐洲團就要報價十萬二十萬，那是否採取這種行程，每個人就有待商榷。

2. 回歸到基本面：旅行應有的成本，這裡就有學問了。就好比同樣是排骨飯，老資格的店家應該懂得哪裡才能買到更便宜實惠的豬肉、還有各種蔬菜、炸油等等。如果可以抓住這些成本，做好掌控，就可以壓低整個價格。

而不是一談起歐洲，就自我設限認為歐洲太專業我甚麼都不懂，報價上任人宰割，其實真正的歐洲旅行是可以很便宜的。重點是：便宜並且充實有料。

3. 很多人覺得去歐洲玩很貴，不單單是因為機票錢，還因為物價高。其實這種說法並不完全正確，因為所謂歐洲，包含了約五十個國家，彼此文化及社會風俗不盡相同，物價也不相同。大體來看，西歐屬於經濟發達地區，東歐、南歐的一些國家經濟相對落後。所以如果在像是法國、英國這些國家旅行，可能物價的確比較高，但在西班牙和葡萄牙，物價其實跟台灣差不多，而往東歐方向去，

像是波蘭、羅馬尼亞等，物價就相對比較低了。

4.最重要的一點，不論價格如何，重點就是消費者（也就是想去旅行的你），是否覺得物超所值（或者最起碼，物有所值）。這點卻往往是很多團體行程，就算收很高昂價格，最終卻無法提供客人的。

關於這，我所認為的歐洲旅行：在花費合理的情況下，能夠真正觸碰到歐旅的精髓，抱著快樂的心情滿載而歸。

這才是真正高 CP 值的旅行。


### ◈ 歐洲旅行，困難度很高嗎？

人們只要面對不熟悉的事物，初始一定是「困難」的。就好像對幼童來說，第一次騎腳踏車是困難的；對學生來說，一開始要上台演講是困難；甚至在一般家庭裡，剛買一台智慧型電視，要如何操作也是困難的。

重點是，每個困難都可以快速化解，要訣就是：做就對了，一次不熟第二次也卡卡，第三次就一定可以上手。

歐洲旅行之所以很多人視為畏途，就是因為他們心理上就預設立場，認為歐旅不容易，進而乾脆放棄主導權，反正全權委託給旅行社，就是跟團旅行吧！結果就換得又

昂貴，且無法盡如人意的行程。

　　這其實是很可惜的，難得去到那麼遠的地方，卻沒有去深入感受，只是走馬看花，拍照打卡臉書秀存在感，自我欺騙式的奢華，回首來看，卻沒留下太多旅行的溫度。

　　打破歐洲旅行的迷思，不要怕困難。這裡分析被認為困難的三大原因：

　　**1. 距離太遠了，人心的必然反應：離家越遠的地方，就越沒安全感。**

　　我的很多朋友，常常去中國內地、日本旅行或出差，都是採自助的，可是碰到歐洲旅行就認為還是跟團吧！究其實，基本旅行的規則都是一樣的，只是心理作用，覺得近鄰敢去，太遠的地方就感到害怕了。

　　**2. 語文不通：歸根究柢，還是怕出狀況時，求救無門。**

　　在自己國家，就算處在偏鄉異地，人們不太會驚慌，反正只要遇到人，開口問就好。可是如果語文不通，那就慌了，迷路了，怎麼形容？不知道怎麼搭車，該怎麼求助？在車上聽到廣播，也不知說些什麼，非常擔憂錯過甚麼。

　　的確，現代人關於出國一個溝通障礙，就是語文不通。多數人可能從小就學英文，可是真正碰到外國人講話

又變成雞同鴨講，更何況在歐洲，講英文也不一定通。但這件事值得害怕嗎？其實真正去嘗試，就發現根本不需害怕。

問問那些敢去日本自助旅行，卻不敢去歐洲自助旅行的人，難道他真的日文很流利嗎？並不是，多數人其實英文實力比日文好，之所以害怕，還是心理因素。一開始就擔心，越想越想擔心，就不敢去做了。實際去做，就會發現一點也不需要擔心。為什麼？這也牽涉到下一個迷思因子。

### 3. 習慣不同，風俗不同，擔心出狀況：

外國的風俗習慣跟我們不同嗎？那是肯定的，事實上，若是去哪裡大家文化都一樣，那旅行的樂趣就大減了，就好比有人出國遊學，結果成天都只窩在華人街，不敢去接觸異國文化，這就不叫旅行。

那旅行會出狀況嗎？當然會，連我這樣的資深歐旅達人，也不免會碰到狀況。但反問一句，在台灣旅行就不會出狀況嗎？就連在自家附近散步都可能出狀況（例如也有人在台灣旅行錢包被扒）。重點是：出狀況後怎麼對應？這是一般人害怕的主因。關於這根本不用慌，歐洲是文明的國度，若說一個人去非洲旅行會擔心求助無門那情有可原，可是若是在歐洲那大可不必害怕。在歐洲的每個國

家若有需要求援，絕對會碰到有人情味的協助，並且在歐洲各國也都一定有台灣派駐的單位，只要出國前備妥相關聯絡資料（或上網查詢），不論遇到任何狀況，根本不用慌。

簡單分析以上三點，回過來審視自己，就會發現如果仍然不敢去歐洲旅行，那絕對是心態上需要克服。放寬心胸，讓自己勇敢冒險，我相信原本不敢去歐洲自助旅行的人，若突破一次，不僅下次不會再害怕，並且整個人也會變得更有自信。這對人生發展肯定是有幫助的。

◇ 談起歐洲就是像巴黎鐵塔、大英博物館這類景點嗎？

一直以來提起歐洲，總被賦予一種定型印象。對一般人來說，就是幾個大城市：包括倫敦、巴黎、布魯塞爾以及各國首都，成為觀光景點，然後每個城市又有某些地標，像是法國要去巴黎鐵塔、丹麥要去看美人魚銅像、瑞士要攀登阿爾卑斯山等等。其實以初步印象來定義並沒錯，就好像外國人要來台灣，也會設定要去阿里山，要去台北中正紀念堂等等，但這只是純觀光客視角，我們要成為一個深入在地的旅遊者，就要用更寬廣的視野看待旅行。

過往以來，像是旅行社包團式的旅行，往往會被這些既定的景點束縛，整個規畫就是為了要讓旅客到達這些景點拍照，才算「不虛此行」。特別是對許多人來說，歐洲之旅很難得（有可能是這輩子第一次，下一次不知何年何日），因此那些「大景點」一定要看到，可是這樣的思維會帶來一種本末倒置的旅行：變成是為了「湊足」拍照景點而行動，為此旅客不得不淪為行程的奴隸，好像只為了跟朋友交待自己有去過某些地方，而被迫在有限時間內把那些個點走透透，搞得精疲力盡，很多時間耗在交通上，卻忘了旅行應該是種休閒，要來品味人生的，不是來打卡做紀錄的。

　　我所主張的歐洲之旅，就是要破除這樣的迷思。旅行，就是要帶給自己快樂，旅行沒有一定的公式。與其用短短七八天，刻意串聯幾個知名大景點，造成許多額外的交通花費。倒不如用更充裕時間，照著路線的邏輯走，好比今天去到倫敦，就好好的去逛，以我來說，我是可以靠著雙腿，偶爾搭配公車，沿路好好去欣賞這個城市，而不需要趕場，幾點前要趕去哪個景點，然後今天內「一定」要去哪些個地方。如果一個人活著，連旅行都要趕進度，不嫌太累嗎？

　　但我的旅行，也不是隨興的旅行，不是甚麼「行到水

窮處，坐看雲起時」一切隨緣的態度。事實上，像歐洲之旅這樣的長途旅行，絕對要做好規畫，特別是五大環節：交通、住宿、目的地、轉車點，以及該準備的事項，行前要做到充分安排，並且我會做到細心查核計畫，還有該再次確認的地方（例如機票住宿），也絕對做好確認。

讀者會問，郡珍老師不是說，旅行不要讓自己變成行程的奴隸嗎？怎麼又把行程規畫很細？那不是自相矛盾？

其實一點也不衝突，所謂規畫，這是一定要的，畢竟歐洲的確很遠，若到現場才發現沒準備好（例如沒地方過夜），那就麻煩大了。但規畫的三大原則：

## 1. 分成大中小三個層次

大方向層次：整體旅行的屬性定位。例如這回定調是英國之旅，預計十四天。那就在這個大架構下，進入中層次規畫。在大規畫架構下，就基本的就是訂好英國的來回機票。

中架構層次：假定是十四天，那就要有個基本動線圖，而我所指的不要被行程綁死，就是在這個階段，要順應交通邏輯，不要羅列一堆「必去」的景點，然後趕場方式走行程。而是盡量有個既能輕鬆悠遊又可以做到效率的旅行節奏。先有了基本動線圖，然後據以規畫每一站的住宿點，還有交通轉折點。

小細節層次：這裡的小細節，就是在中架構層級下，可以訂定一些計畫，列出優先順序，例如在倫敦，你想參訪的景點，以及想要造訪的餐廳等等，但這部分保留彈性，也許原本所列出倫敦三十三個行政區中，後來只去了其中五個，只要玩得盡興就好，也不影響整體大方向（例如第二天要往北邊各城市參訪）。

總之，就是大架構要抓牢（因為牽涉到住宿及交通訂位等），小環節都可以彈性。

## 2. 訂出旅遊主題

旅遊需要主題嗎？我想是需要的。包括只想要去各大景點打卡拍照上傳臉書，這也算是一種主題。但我所指的主題，好比我這回是探親之旅，另一回是文化之旅，再一回是登山賞雪之旅等等。也可能一次旅行包含不同的主題（但分開在不同的階段，可能這幾天是文化之旅，後幾天是山野之旅）。

主題是重要的，那是因為若沒主題，講好聽是自我安慰說是隨遇而安，實際上則是無頭蒼蠅亂闖。幸運的話，有人好比到一個城市，光是走馬看花也很快樂，但多半時候，若一開始沒設定主題，就會浪費很多時間在虛晃以及迷路中。

例如，很多人有個錯誤印象，以為去某個城市，每個

景點都躺在那裡等你，實際上當然不是這樣子，大部分地方，主要看到的都是全世界共通的街道以及日常生活（就好比你去歐洲一般城市也可以看到便利商店、銀行、郵局等等），那也好比有人來台北旅行，以為甚麼中正紀念堂、陽明山、九份都是在附近，實際上每個景點相隔很遠。

如果不事先做好主題規畫，像是主力放在文化民俗，或放在山野風光，等到時再想「隨遇而安」，只會搞得自己在現場不知所措。

### 3. 有計畫但也要保留很大的彈性

有句話說「計畫趕不上變化」，這正是旅行的道理，事實上，旅行「一定會」發生變化。特別是長天數的旅行，像是十幾二十天以上行程，要完全照表操課、一帆風順，是很不容易達成的。

有變化怎麼辦？在行前要做到兩點：

第一、一定要有計畫，但每個計畫也要保留適度彈性。我最常引用的例子就是轉機。如果有人死板板的定計畫，今天幾點幾分搭機到哪個城市，接著轉幾點幾分的飛機，到達後，接著趕上幾點幾分的火車。那樣真的就自找麻煩，因為只要任何一個環節出狀況，後面連環延誤，最嚴重情況下，所有行程都亂掉無所適從。真正作法，機票

住宿一定要訂好，但都要保留相當彈性，特別是搭機，相信大家也都知道，飛機延誤這樣的事，絕非新聞，畢竟很多狀況（例如天候）人類也無法完全掌控，把行程安排很密集，自以為有效率，卻可能化為旅行惡夢。

第二、一定要有備案，因為就算已經事先規畫好，也預留彈性了，仍然可能還是會碰到影響行程的狀況。例如我就不只一次碰到，飛機嚴重延遲，即便已經安排好彈性應變時間，那次的延遲依然嚴重到無法趕赴原本預定住宿的城市。所幸我都有事先做好應變策略，假定原本依照天數，行程是 A → B → C → D → E，今天發生臨時狀況，例如 B → C 這段出狀況，我也可以彈性調整，變成 C 城市不去了（當然也會打電話去取消住宿），設法找到其它方式，B 多留一天，或去到離 D 比較近的城市，如此也不影響原本 D 城市的行程。

只要原本就有腹案，且做好功課（例如我都已經熟悉，B 到 C 或 D 城市，有哪些交通方式，還有如果不去 C 城市，我可以有哪些其他的旅遊點選擇）。不論碰到甚麼狀況都不慌不忙。好比不只是飛機延誤（或者朋友遲到，結果害大家無法登上該班飛機）這類的狀況，也包含我在某地認識了很投緣的新朋友，那我也可以改變行程，多留一天跟新朋友聚會啊！只要有備案，就不須慌張。

也許有人就是擔心旅途中有各種狀況，覺得太冒險，所以乾脆還是選擇跟團就好。但這是因小失大的做法，原本可以體驗豐富人生的旅程，變成制式的上車下車及定點集合的刻板模式，那就可惜了一次難得的歐洲之旅。

# Chapter.3

........................................................................

# 歐洲旅行前的基本認識

　　歐洲，從小我們讀書就知道，整個歐洲就是我們課本裡【西洋世界史】的舞台，所謂東西方文明，那個西方指的主要就是歐洲。而歐洲本身分分合合的，許多人當年背書背得頭昏腦脹的，這個合併那個，那個又分裂，還有奧匈帝國、神聖羅馬帝國、希臘聯邦等等。到如今，就算以二次世界大戰為界線，戰後歐洲版圖似乎比較確認了，但也仍有像是新國家誕生，或分裂獨立出來等等。

　　到歐洲旅行，只是一個大的說法，細部來說，目前歐洲有大約五十個國家（說大約，因為有些國家定義不明），如果說我們去亞洲像是日本、韓國等都要分別做旅行規畫，那麼現在去造訪歐洲不同國家，也是要一個個規畫，一個個簽證，這樣怎麼可能一次去很多個國家呢？

　　其實，到歐洲旅行真的沒那麼複雜，甚至比去日韓還簡單。也絕對不需要擔心每去到一個新的國家就要重新出

關入關一次，本章，我們先來簡單認識歐洲旅行的基本常識。

### ◈ 歐洲旅行的簽證問題

出國旅行，專家有說，就算匆忙到甚麼行李都來不及準備，即便孑然一生要準備搭機。那身上只要有兩種東西，就依然可以行遍天下。

第一個自然是錢（包括信用卡、簽帳卡、旅行支票等等），第二個就是基本證件（出國當然要準備護照）。只要備妥這兩項，出國有時候感覺就像今天你從台北想搭車去高雄的感覺，甚至有人臨時想要出國，只要現場還有機票，也可以當場買票直接登機的。

出國跟國內旅行不一樣的，就是國內旅行不用經過甚麼安檢程序之類的（舉例有些國家，如中國，其國內城市間的移動可能還是需要通關安檢流程），但國外牽涉到國與國間的交流，不能放任自由進出，都必須透過護照管制，確認行蹤。好在，台灣雖然跟絕大部份的國家沒有邦交（目前邦交國只有十幾個），但世界多數國家其實都跟台灣有外交方面的協議，目前國人出國，只要備好護照，那些常去的國家大多是免簽證的。

回歸到歐洲旅行的主題：簽證是一個國家在非本國民的護照上蓋印，有條件允許其出入國境，有的過程不僅花費大且耗時費日。好消息是，關於歐洲旅行通通不用擔心這樣的問題：因為去歐洲旅行大部分都是免簽證的！

　　並且這裡指的真的是免簽證（也就是帶著護照就可以飛過去），而非落地簽（也就是雖然出國時不用那麼麻煩，但到了目的地國家，還是要辦理簽證）。

　　其實一般人要去歐洲，可能關心的主要不是簽證問題，而是可以駐留時間問題。例如以個人比較嚮往的歐洲國家，包含法國、德國、比利時、西班牙等等，都是免簽證的，規定是每 6 個月內總計可停留至多 90 天，而以符合《申根公約》的國家來說，就是在這些國家之停留日數合併計算，加起來半年內不得超過 90 天。

　　許多人一提起歐洲就會聯想到的英國，因為不屬於申根公約國家，則是有條件需要簽證的，規定是持有中華民國護照且效期在 6 個月以上者，赴英旅遊、探親、遊學、參加會議、洽辦商務，於 12 個月內停留不超過 6 個月，均可享免簽證入境待遇，但超過 6 個月仍需簽證。所以以旅行角度來看，依然是沒有簽證的問題。

　　其實以英國來說，依照赴英的目的，還有其它細項規定，需事先做好行程規畫，還要隨身攜帶來英目的相關證

明文件（包括財力證明、企業或贊助單位的信函、學校信函等）如果是想以學生身分，去英國念書，即使是念短期語文課程，英方也規定申請者必須具備英國一般高中畢業生（GCSE）的英文程度。而不是以為想去念書，報名好就可以赴英求學。

不過，純粹以想要去英國旅行來說，頂多安排一到兩個月，就不會有簽證的問題。


◈ 歐盟、申根以及歐元區

前面提到《申根公約》，這個是甚麼法律條文呢？為何跟旅遊有關？

提起申根，就一定要提起歐盟。這兩個名詞息息相關，卻又不完全一樣：也就是說，有的國家屬於歐盟，但並沒加入申根簽證，有的國家尚非歐盟成員，卻已經加入申根簽證。

對我們旅行者來說，當我們取得了申根簽證，那就代表著，凡是屬於申根簽證範圍內的國家，都可以自由移動，不需要再去辦複雜的簽證手續。這也回答了本章一開頭的疑問：歐洲有多達約五十個的國家，要怎樣旅行才不會每個國家都被卡關？答案就是申根簽證：只要持有申根

簽證，旅人就可以自由的在「申根區」內旅行。由於目前申根區共有 27 個國家，那就表示，一次簽證，就可以入境 27 個國家中的任何一個，而無需單獨的簽證。

當然，首先還是要辦理第一個國家的簽證，之後才能暢行 27 個國家。例如你先在比利時取得申根簽證（同時要符合比利時相關的在地規範，主要是財力證明，要證明自己有足夠財力可以停留在比利時）。規定是每 180 天內前往申根區最多停留 90 天，或者以這樣說明：依據旅客入境次數，若是一次入境：在簽證有效期內一次入境，不超過 90 天。若是在簽證有效期內兩次入境，兩次停留時間總和在 180 天內不超過 90 天。

而所謂申根簽證，雖名為簽證，其實比較像是一種通行證（就好比我們去參觀一個工廠園區，在入口處會收到一個訪客通行證這樣的概念），申根簽證主要針對的是旅客，歡迎你來我們這幾個國家走走逛逛享受美好風光的意思，但不代表這是居留許可證，也不會因此取得在申根區不同國家工作或就學的任何權利。如果是工作或求學方面的需求，要另外在該國辦理相關正式的簽證。但也不能說申根簽證就是一種旅遊簽證，主要是看當初申請時候的名目（以本書讀者來說，自然還是以旅遊為主），其它名目包含商務、探親訪友、文化、體育、公務、醫療、學習等

等。無論如何，台灣人持有申根簽證，就可以在以下國家自由旅行：

奧地利、比利時、克羅埃西亞、捷克、丹麥、愛沙尼亞、芬蘭、法國、德國、希臘、匈牙利、冰島、義大利、拉脫維亞、列支敦士登、立陶宛、盧森堡、馬爾他、荷蘭、挪威、波蘭、葡萄牙、斯洛伐克、斯洛維尼亞、西班牙、瑞典、瑞士。

（截至 2023 年 12 月的版本）

那申根國家跟歐盟有甚麼不一樣呢？首先來認識申根國家。

申根是盧森堡的一個地名，是 1985 年，於盧森堡申根鎮簽定《申根公約》，於 1995 年正式生效，現有 27 個簽約國，構成了所謂的申根區。從 1985 年至今已過了那麼多年頭了，是否有國家退出或新加入呢？有三個國家：羅馬尼亞、保加利亞、賽普勒斯，他們已簽署申根公約，但尚未完全生效。但對讀者來說，這三個國家也是可以「免申根簽證待遇」去旅行的。另外更有四個國家，本身不屬於申根公約國，可是也是提供免申根簽證待遇，分別是：梵蒂岡、摩納哥、聖馬利諾、安道爾。

所以說，歐洲旅行是多麼方便啊！若加上後面那些免申根簽證待遇國家，總共有 34 個國家，都可以自由通行。

那到底歐盟國家跟申根國家有甚麼差別呢？再比如說，歐盟國家是否等於歐元國家？

其實對旅行者來說，這不僅是學習一種國際常識，也跟旅遊實務有關，好比有人誤以為凡是歐盟國家都代表申根國家，持著申根簽證亂闖，但其實並非如此，例如愛爾蘭是屬於歐盟成員，但愛爾蘭並未加入申根公約，還有大家最熟知的英國，脫歐前也都一直沒有加入申根區。因此由英國去到歐陸旅行，雖不需要簽證，但出入國界還是要辦相關通關手續。

簡單來說明：歐盟是一個國家組織概念，屬於政治領域；申根是屬於自由旅行讓旅人可以不需每到一個國家都簽證。而歐元則是屬於經濟領域，直到今天，依然很多歐盟國家，不使用歐元，或者使用起來不方便。其實目前歐元區只有 20 個國家，例如國人愛去登山滑雪的瑞士，就不使用歐元，如果事先沒做好功課，以為帶著歐元就可以行遍歐洲，那到時候可能就會卡關，會多一些換匯流程（也增加許多手續費等額外成本）。

為了讓讀者，可以有個更清楚概念，以下列一個統整表，來一覽幾個主要歐洲國家的狀況：

（以下表格參考 funtime 網站）

| 分區 | 國家 | 是否加入歐盟 | 是否加入申根 | 是否使用歐元 | 簽證分類 |
|---|---|---|---|---|---|
| 西歐 | 法國 | ○ | ○ | ○ | 免簽 |
| | 德國 | ○ | ○ | ○ | 免簽 |
| | 荷蘭 | ○ | ○ | ○ | 免簽 |
| | 比利時 | ○ | ○ | ○ | 免簽 |
| | 盧森堡 | ○ | ○ | ○ | 免簽 |
| | 瑞士 | X | ○ | 瑞士法郎 | 免簽 |
| | 列支敦斯登 | X | ○ | 瑞士法郎 | 免簽 |
| | 奧地利 | ○ | ○ | ○ | 免簽 |
| | 摩納哥 | X | X | ○ | 免簽 |
| 北歐 | 英國 | X | X | ○ | 免簽，12個月內6個月 |
| | 丹麥 | ○ | ○ | 丹麥克朗 | 免簽 |
| | 挪威 | X | ○ | 挪威克朗 | 免簽 |
| | 冰島 | X | ○ | 冰島克朗 | 免簽 |
| | 芬蘭 | ○ | ○ | ○ | 免簽 |
| | 瑞典 | ○ | ○ | 瑞典克朗 | 免簽 |
| | 立陶宛 | ○ | ○ | ○ | 免簽 |
| | 拉脫維亞 | ○ | ○ | ○ | 免簽 |
| | 愛沙尼亞 | ○ | ○ | ○ | 免簽 |
| | 愛爾蘭 | ○ | X | ○ | 免簽，90天 |
| 東歐 | 波蘭 | ○ | ○ | 波蘭茲羅提 | 免簽 |
| | 匈牙利 | ○ | ○ | 福林 | 免簽 |
| | 斯洛伐克 | ○ | ○ | ○ | 免簽 |
| | 捷克 | ○ | ○ | 捷克克朗 | 免簽 |

| | | | | | |
|---|---|---|---|---|---|
| **東歐** | 保加利亞 | ○ | X | 保加利亞<br>列弗 | 免簽，180天<br>內90天 |
| | 羅馬尼亞 | ○ | X | 羅馬尼亞<br>列伊 | 免簽，180天<br>內90天 |
| | 俄羅斯 | X | X | 俄羅斯<br>盧布 | 免簽，180天<br>內90天 |
| **南歐** | 葡萄牙 | ○ | ○ | ○ | 免簽 |
| | 西班牙 | ○ | ○ | ○ | 免簽 |
| | 希臘 | ○ | ○ | ○ | 免簽 |
| | 賽普勒斯 | ○ | X | ○ | 免簽，180天<br>內90天 |
| | 梵諦岡 | X | X | ○ | 免簽 |
| | 馬爾他 | ○ | ○ | ○ | 免簽 |
| | 斯洛伐尼亞 | ○ | ○ | ○ | 免簽 |
| | 克羅埃西亞 | ○ | ○ | ○ | 免簽 |

※ 以上為聯合國制定

## ◈ 遊歐就要做深度之旅

　　今天我們要規畫歐洲旅行，前提這是一個豐富的心靈或知性之旅，也可以是放鬆心情或者與朋友相聚的快樂之旅，但不該是純為留下走過痕跡的拍照之旅。畢竟，如果想以蜻蜓點水的方式，短天期內去過很多國家，那種「累積點數概念」的旅行，理論上也是很容易辦到的。例如光靠搭火車就可以很快去到不同國家。而若是搭乘高速

鐵路，好比搭乘歐洲之星，可以英國去到法國，以及比利時、荷蘭，其中由倫敦到布魯塞爾，只需兩小時二十分（甚至比台北搭火車到花蓮還快），若以布魯塞爾為中心，再通往其他國家也很快，要號稱五天內去過十個國家也是可以的。只不過這樣就喪失旅行的意義。

雖然我去過歐洲很多次，很多國家及城市也都去過多次，但針對每一個點，都是很專一的，例如 2022 年，在半年內去過 12 個國家，每一個階段深度去扎根探訪。

基本上旅遊歐洲，可以先將歐洲分成四個區域，然後每個區域單獨規畫旅程。可以針對區內單一國或兩個國家走透透，也可以較大範圍的在一個區內去不同國家（但必須有足夠的天數）。這四個區域，以及其所屬申根區國家如下表（其依照聯合國分類）：

| 區域 | 西歐 | 東歐 | 北歐 | 南歐 |
|---|---|---|---|---|
| 國家 | 比利時、法國、德國、盧森堡、荷蘭、奧地利、列支敦斯登、瑞士 | 捷克、匈牙利、波蘭、斯洛伐克 | 丹麥、芬蘭、冰島、挪威、瑞典、愛沙尼亞、拉脫維亞、立陶宛 | 義大利、馬爾他、葡萄牙、西班牙、希臘、斯洛維尼亞、克羅埃西亞 |

這些區域及國家裡，有些可以看出地緣關係很近，例如西歐這幾個國家，往返都很方便。有些區的國家，因為

地理環境因素，例如瑞典、挪威等，面積很大規畫上就以單一國家為宜，然後等深度旅遊足夠天數，再去到鄰近國家。再比如西班牙跟葡萄牙，雖然跟義大利，以及克羅埃西亞等都屬於南歐，但明顯的因地形阻隔，每個國家都須專案規畫為宜。

我過往以來的旅行，也都是採用這樣的原則。事實上，就算每個個別的國家，如果時間許可，最好也是以細部分區的方式（所以我建議歐洲旅行，要規畫至少兩周以上，因為光單一個國家，就可以細細品味），在行前，都會做好功課，例如以英國來說，最簡單的畫分就是分成英格蘭南部、北部以及西部，另外還有蘇格蘭、威爾斯。以法國來說，行政畫分上有十三個大區以及 101 個省，但以旅行規畫來說，可能分成巴黎及周邊，以及法國西部、西南部、南部以及北部等，每個地方都選定幾個大城市為地標（例如巴黎、馬賽、里昂、波爾多等等）。

設定好一個區域，在一個充裕時間內，用心好好去品味那裡的土地，感受那裡的風土民情。這才是我推薦的歐洲深度之旅。

# 第二篇

# 旅行珍聰明

郡珍的自助旅行教戰守則

# Chapter.4

# 旅行者常犯的十大錯誤

　　做什麼事，若能做好準備充分，就可以讓我們一方面更從容有自信的面對未來，二方面不論碰到各種突發狀況，事先做好準備的人，傷害最少。

　　以上是一般做人處事也是工作職場的通則，但如果應用在旅行上也適合嗎？

　　其實在旅途中，經常看到一種情況：一些緊張兮兮的旅人，這也擔心那也擔心，在國外肚子餓了怎麼辦？手機沒電了怎麼辦？肚子痛了怎麼辦？東西買太多沒袋子裝怎麼辦？想了一大堆「怎麼辦」，結果就是出門帶了大包小包的，其實大部分都派不上用場，可是旅行過程中卻礙手礙腳的，在通關時候，也可能因為行李超重被收取額外費用。另一種是無法跳脫原本的舒適圈，想要出國就像在家裡一樣便利，或者把出國當成另一種移動住家或移動辦公室概念，平日愛吃的零嘴、在家的便服睡服、乃至於最

喜歡抱的熊娃娃都帶出來，這些行為不僅讓自己旅行不方便，若在團體行動中，經常也會因為動作慢妨礙到其他隊友。

然而出國也的確需要做好準備，重點在於分清楚自己所處的情境：出國要追求的是新的體驗，但難免要犧牲的是植基於熟悉感的舒適度。有些時候必須因陋就簡或克難以對（例如在家可以每天換衣服，出門在外則因帶的衣服有限，有時候一件衣服可能要穿比較多天），有些時候須因地制宜，彈性適應（最典型的就是三餐，人在海外，要學著去品味異國美食）。在這些前提下，來做準備：該有的東西必須有，不需要帶的東西也不要造成自己累贅。

在本章，我們來談旅行的通識，不論是歐洲旅行或其他各國（特別是長途旅行，也就是超過一周以上的旅行），應該注意的事項。


◇ **關於旅者的十大雷**

我從二十幾歲開始累積出國經驗，這許多年來，搭乘無數次飛機，去過數十個國家，包括跟著不同團隊，跟不同個性的人一起旅行。我也見證過許多的旅遊狀況，很多也是自己早年時候會犯的錯，帶來旅程困擾。更多時候

則是看到旅伴的範例，在此，歸納出十種旅人常犯的問題點，提供讀者參考。

**踩雷一：帶太多行李**

這個太常見了，我也在本章一開頭就提出這件事。甚至單單針對出國如何準備行李這件事，都可以出一本書了。

我的建議，一般人出國（或就算在國內長途差旅也一樣），有人會準備一張備忘錄，如果可以的話，可以將這張備忘錄拿給資深的旅遊達人過目，可以聽聽達人的建議，基本上，備忘錄所列事項若以 A4 紙來說長達兩三頁，那肯定太多了。

實際上出國門，正常一個較大的主行李箱，搭配一個較小的行李箱（這兩個行李箱要託運方式登機），另外身上可能再一個自己背在身上的大包包，這樣也就夠了。（想想，當你在異國旅行，於一個城市跟另一個城市間移動，若帶著太多行李，那怎麼行動呢！）

目前國際登機規定，就以台灣的華航為例，經濟艙（精省）免費託運行李只能一件，重量不得超過 23 公斤。若是升等更高艙等，行李件數可以增加（但代價是高昂的票價）。隨身行李則是上限七公斤。此外，不論是國際航班或在海外不同國家的國內航班，如果是選擇廉航，各家

規定不一，基本上，最低價位的機票，是不含託運服務的，而隨身要提的行李，尺寸必須小於 23 公分 ×36 公分 × 56 公分，超過的部分都要另外收取費用。

可以以這為參考值，出門在外，就不要帶太多有的沒有的行李了。

### 出門必備物品 Q&A

Q. 有讀者好奇，像去歐洲這樣子天數很長的旅程，難道不能帶很多東西嗎？ 單單衣服不是就要帶很多件？

A. 並不是出門多少天，就要準備多少衣物的概念，當參與的是長天數的旅行，也依然要以出門在外四五天的概念規畫。衣物當然必須搭配不同城市飯店或自助洗衣店的洗以及晾乾功能。其他生活日用，都以因地制宜為主，不需由台灣帶去。真正需要配合天數增加攜帶份量的，只有個人必備藥品，其他物品都以重複使用或是用過即多的環保性質為主，也不要擔心在海外缺東缺西的，除非我們是去天涯海角荒山野嶺，否則別忘了，大部分東西只要帶錢（或卡），各國城鎮都有便利商店或雜貨店可以買得到。

### 踩雷二：拿大額現鈔或根本不拿現金

出門在外，特別是在異國，身上其實不適合攜帶太多

現金，不只是因為擔心扒手或搶劫，也因為時時處在移動中，過程有時亂中有錯，一個不小心就會搞丟東西。但如果說，完全不帶現金，那又是矯枉過正，試想如果在台灣，你身上沒錢，是不是很多事不能做？（難道你去 7-11 買飲料要刷卡嗎？）但如果說在台灣忘了帶錢，還可以去提款機提款，最極端狀況錢包整個忘了帶連張卡也沒有，還可以打電話跟親朋好友求救。但這樣的情境若發生在海外，那就麻煩了。當然啦！如果是跟團體行動，還會有隊友照應，可是沒帶錢處處要請隊友支助，人家也會不高興吧！

真的有碰到這樣的旅人，他們好像以為現在整個世界已經進入無紙化時代，認為大家都不用現鈔，一切都可以刷卡。實際上並不是這樣，就連在號稱電子貨幣極為普及化的中國內地，也依然很多地方要支付現金。所以出國前，不要外幣換都不換，就直接出國。

另一個常見的現象，就是身上沒零錢。在台灣，可能最大張紙鈔是一千元，可能買個小東西，拿千元大鈔去付錢還是可以找零。但在海外不同國家，有些面額最大張的紙幣，金額可能就太大了。例如拿出一張 500 歐元（換算成台幣超過一萬七千），買一罐飲料，那金額就太大了，那就好比你在台灣，拿出將近兩萬元，只買一瓶礦泉水，

肯定被白眼。其他像是英鎊（最大面額也是 500 元，換算成台幣超過一萬九千），還有在一些不能使用歐元而使用克朗的國家，如丹麥克朗最大面額也有 1000 元（換算台幣將近五千元），這不但帶給消費店家困擾，很多時候，店家會以沒那麼多零錢為由，直接拒絕交易。

在歐洲旅行，身上還是要帶現金，並且要事先做好功課，理解不同幣值的換算，如果出國前先去台灣銀行兌換外幣，要指定兌換成不同的鈔票幣別，可彈性使用。在海外消費時，若發現身上太多大鈔，也可以趁某些大額消費（例如用餐）時，把大鈔拿去找錢。

當然，為了當心身上現金不足，旅行中有消費的需要時，若可以刷卡就盡量刷卡。總之出門在外不要「錢到用時方恨少」，也不要殺雞用牛刀，拿出太大面額的鈔票搞得交易變得很尷尬。

### 踩雷三：沒辦旅行保險

不論是短天程或長程的旅行，甚至就算只是在台灣三天兩夜的外島旅行，我都要嚴正的告訴讀者，旅保這筆錢絕不能省。所謂不怕一萬，只怕萬一。平常開心順利的到處旅行，好像這次出國沒狀況，另一次出國也沒狀況，以為買保險就是種浪費。然而當真正碰到狀況時候，就知道旅保有多重要了。

天有不測風雲，人有旦夕禍福，旅途中會發生甚麼狀況真的不可預料，特別是人在國外，有時感到求助無門，身在異國倍感害怕，如果有旅保，至少就可以一通電話找救兵了。比較常見的狀況，像是班機嚴重延誤、行李遺失等，更大的狀況，像是在海外碰到車禍（我就曾碰過），乃至於生病受傷等緊急狀況，在沒保險的情況下，可能都要花費極為昂貴的數字，旅行保險真的很重要。

### 踩雷四：航班間隔太短

　　現代人做事講求效率，在國內還好，因為自己掌握很多資源，也非常熟悉在地的人事時地物，可以追求以最短的時間完成最多的任務。很多管理書上也是這樣教的。但若把這套也用在出國旅行上，小心把自己搞得很狼狽，甚至整個旅程泡湯。

　　出國當然還是要重視效率（本書的一個主力內容就是要幫助讀者有效率的旅行），但這裡特別強調的，交通的事情絕對不要想要做到效率最大化，畢竟包括飛機公車火車等大眾運輸工具，都充滿各類變數。此外，就算一切都平順，班機沒延誤，各項交通都銜接得很好，那過程也多多少少會帶著驚險，出門在外何必把自己搞得那麼累？

　　我的建議做法，如果是搭乘飛機且需要轉機的，那至少預留三四小時的過場時間，不要怕在轉機時等候太久，

寧願時間充裕也不要匆匆忙忙，那段時間去逛逛機場也好。最好當然還是一班飛機直飛歐洲的最好，在台灣也已經跟歐洲有幾個對接直飛的城市。有時候由於預算（可能轉機比較便宜），那還有一種做法就是選擇在轉機城市過一夜（順便當地做個小旅行），再從容的轉換到歐洲的班機。

如果是飛機轉其他交通工具，例如從機場到入住城市的接駁車，則要計算好班次（網路上都可以查得到各國的交通資訊，特別是像歐洲這麼文明發達國度）。平日在各國做國內移動，例如在英國國內或德國國內旅行，也都要掌握住，知曉交通車的時間（有的車班可能間隔很久才一班，錯過一班就要等很久），然後規畫專車時，盡量納入更大的彈性空間。確保自己可以順暢地在各地移動。

### 踩雷五：護照與登機證要放哪

經常也在機場看到有這樣的旅客：滿臉慌亂的在自己身上東摸西摸，一看就知道這個人一定忘了把重要證件放哪了。像是護照，這是出國最最重要的一個必備，甚至行李可以不帶，護照不能遺失，可是每年依然有許多的人，出門來到機場了，才發現忘記護照。另有一種情況，明明護照就帶了，卻到了機場到處找不到。

究其因有的人真的太緊張了，甚至前一晚都睡不著

覺，護照及錢包等檢查很多次，結果反倒是最後一次檢查時候，把護照又拿出來，放在書桌上，出門忘了帶。我都會建議跟我同行的友人，一些最重要的東西，就放在自己貼身的地方，像是護照可以放在自己隨身的腰包上，在機場通關時候，要隨時可以拿出來，一旦到了海外，護照等重要東西要以另外的暗袋保管好，可能收納在行李箱自己知道的暗袋，或者出門逛街時也是貼身放著。

一個小型的腰包是很重要的，包括登機證也可以暫放這裡，有的人拿到登記證後，可能在過了海關候機期間，去上廁所或逛免稅商店，逛著逛著，登機證竟然不見了，有些人是忘在廁間，有些人是隨手丟在隨身包包，等忽然想到又是手忙腳亂的找。搞壞了旅遊心情。

最好還是放在固定的貼身的地方，一開始就放好，之後再來逛街。

**踩雷六：未準備足夠時間前往機場**

飛機不等人，這是常識，大家都知道，但經常我們在機場還是可以碰到這種情況，廣播聲音大聲響，某某某，第幾號班機即將起飛，請盡速登機，或與櫃檯聯絡。怎麼會有人碰到這麼重要的事還要上演遲到戲碼呢？其實誰都不想遲到，很多時候是因為錯估了從家門到機場間的時間。

搭飛機要提早至少兩個小時報到，這已是基本常識，為什麼呢？常常出國的人就知道，往往等候劃位的大排長龍，原本以為時間充裕的，有時候等著等著，看著時間一分一秒過去，都會緊張起來。從櫃檯報到，到正式登機這個過程，還有著通關檢驗程序，通常每關都是長長人龍，預留兩小時只是剛好不算太多。

許多人錯估的是，從家裡到機場的時間，忘了不同時段有不同狀況，如果是碰到上下班時段，被塞在高速公路上就叫天天不靈、叫地地不應了。

這特別要提醒的是身在海外不同國家，在台灣大家可能知道，從自家（或前一晚住宿旅館）到桃園中正國際機場的距離，但在不同城市的不同機場，我們就無法判斷旅館到機場要耗時多久（包括塞車時間，以及有時候搭乘的是接駁交通車，班距時間）。為免趕不上飛機，寧可早點出門，不要自以為是管理大師想抓最佳時間。在海外，一個錯失，那後果可能是會很慘的。

### 踩雷七：忽視上機容量限制

即便是出國許多次的老鳥，也難免會犯了跟行李相關的錯。這裡指的不是行李帶太多，那是新手較常犯的錯誤。老鳥帶行李，有時候會自以為很熟，結果不小心犯了錯，原因之一，是因為有時候不同的國家，對於可以攜帶

的物品有不同規範，或者是有的規模較小的機場，可能安檢沒那麼嚴。結果，上回可以帶上行李的東西，這回可能就被沒收了（有時候還得罰錢）。

例如有人從國外帶著肉製品，或生鮮食品，到機場可能就被沒收。在台灣如果帶著肉製品（包括肉鬆、臘肉）是會被重罰 20 萬的，累犯還可以罰到 100 萬，可以想見這件事國家是以如臨大敵的態度在面對的（怕將口蹄疫等病毒帶到國內）。而很多人容易踩雷的部分，是可能去買包裝好的食品，以為只是買個名產，卻沒想到被機場這產品內含嚴禁攜入的內容（例如糕餅內含肉鬆），這樣就觸法了。

這是屬於食物方便，其他包括液態用品（例如泡沫髮膠、體香劑、隱形眼鏡藥水，有規定加起來不能超過一公升）、刀具相關（包括丟棄式刮鬍刀、指甲刀，有的不能帶，有的只能託運）

總之，出國前還是要針對自己的國家以及所去的目的地國家的登機規定，做基本了解。

**踩雷八：穿錯鞋子**

莫說踏出國門，就算只是出門近郊散步，鞋子也很重要。但我經常看到有的朋友，旅行途中，臉上微微皺眉，一問之下，才知道足下不適，如果走起路來腳會痛，那遊

興肯定大打折扣。

　　其實很多人會把旅行當成是人生大事，好像是進行一個重要慶典般，有人特地去買了新衣新鞋，想要穿出國更添喜氣。但出國穿鞋的一大忌諱：就是穿新鞋。特別是皮鞋或涼鞋，旅行最好還是穿輕便的布鞋、慢跑鞋，如果有人出國是為了參加商務相關會議或預期有晚宴之類的場合，那可以把較正式的鞋子另外帶著，為了雙足的保健以及一整天的好心情，建議還是穿習慣穿的舊鞋就好，不要穿新鞋。

　　由於出國難免會常常走路，畢竟到異國就是要到處走走逛逛（而不是都待在遊覽車裡），建議可以穿搭的鞋以平底鞋為主，包括球鞋、低跟鞋（豆豆鞋、平底包鞋）、運動涼鞋等適合走長路的鞋，而如果預計行程中有攀登山徑甚至像是阿爾卑斯山這樣會踏雪的路徑，那就需要另外預備適合登山踩雪的鞋（登山靴）。

　　基本上就是配合旅程規畫，例如行程中會碰到正式場合（有人去歐洲參加親戚婚禮），或參與甚麼運動（有人去參加大型路跑），就準備相應的鞋。但就是不要新鞋，也不需要每天展示 Fashion 般帶很多鞋。輕便為主，若真的碰到因為穿的鞋子不對，走路很痛苦，那就找機會經過市集時在當地買舒適的軟質便鞋，那時候就算是地攤貨也

比新鞋好。

**踩雷九：把計畫安排得太滿**

出國對大部分人來說都是很難得的事，特別是歐洲旅行，更是珍貴的經驗。就因為珍貴，很多人心中想的就是「好好把握」。方法就是一分鐘都不浪費，要把行程排滿滿的，結果世事哪能盡如人意？行程越滿就越可能發生時間不能配合的狀況，一步錯步步錯，到旅程後來可能行程搞得很亂，結局就是搞得自己筋疲力盡且心情很差。

初次做長途旅行的朋友，旅途還是要搭配專業的旅行老鳥，聽取前人的建議，如果是純自助旅行，那與其這也想看那也想看，最終卻因為趕行程每個點都只沾一下，還不如一天就聚焦在三四個景點，甚至以我來說，經常是長天數的規畫，有時候一整天就只在一個小鎮上悠遊散步，那樣的生活享受，才是真正的旅行。

當然，很多人心中想的是，可能我這回去歐洲，下回不知道要等到何年何日了？

抱著可能「一生就這樣一次機會」的心境去旅行，但還是那句話，旅行是要讓自己快樂，不是為了讓自己達成甚麼任務。正因為可能一生只有一次，所以更該善待自己，好好去體會歐洲，而不是天天神經緊繃的趕場，不是嗎？

何況，如果照著我的建議，其實歐洲旅行並非難事，每個讀者一定有機會可以去第二次第三次的。

**踩雷十：忽視海關禁令**

前面踩雷七曾提到有人因為沒事先了解機場海關的規定，購買的東西可能被沒收甚至被課以罰金。而這裡要說的是，有人其實就是知道海關規定，卻冒著僥倖的心態，想說「這樣沒關係」，帶著違禁品，想說大不了被沒收而已，但其實違犯海關禁令，有時候下場是很嚴重的，甚至會被警方拘留。

各國的海關禁令不盡然相同，有些東西購買的原意是好的，例如女性朋友出國旅行擔心碰到壞人，所以帶了防狼噴霧、或可以伸縮的警棍，那麼在很多機場（例如香港機場）這不僅僅東西要被沒收而已，還因為違法會被警方帶走監禁。

而很多老鳥則是自以為熟悉機場安檢規定，刻意把一些東西，以種種方法，例如藏在行李內層或者外頭加上防護包裝想避開海關 X 光機，常見的就是帶私菸。有人為了貪小便宜，明明合法申報就好，卻要玩小花樣，菸酒帶了超過機場規定額度（依規定，年滿 20 歲之成年旅客，可攜帶菸酒之免稅限量為：酒總量 1 公升，捲菸 200 支或雪茄 25 支或菸絲 1 磅），如果刻意隱藏被發現，不僅僅是

違反規定，並且是故意藏匿，那情節就比較嚴重。

　　出國旅行，還是遵照各國法令規範，不要因小失大，讓旅遊蒙上陰影，甚至影響到整團的人。

# Chapter.5

........................................................

# 慎選旅行伴侶

　　旅行，適合一個人還是跟團？這其實見仁見智，主要是依每個人的個性而定。然而以出國旅行來說，特別是長天數的旅行，建議還是要有旅伴才好，一方面不論是面對突發狀況或各種行程討論，身邊有伙伴可以討論，在狀況現場也比較安心；二方面，人在異鄉，其實內心難免會寂寞，有人自以為天性愛好自由，不喜與人社交，但當處在人生地不熟距家鄉遙遠的異國，就會發現一個人有時候會害怕得心慌。旅伴真的很重要。

　　以我長年的歐洲旅行來說，年輕時候主要是跟著家人，例如親姊妹，以及在當地認識的好友，大家結伴旅行，彼此本是親近的人，旅途可以邊玩邊笑，有著歡樂的回憶。近些年來則因為想要帶領更多人品味歐遊樂趣，我喜歡號召同好成團，每次旅伴人數也不至於太多，大約四到十人的範圍，我本身不是導遊，而是以資深旅遊達人身

分陪伴第一次到歐洲的人，能更進入狀況，過程中會做導覽，但那比較是種專業分享，而非職業上的服務。

在這種召集同好的旅行模式中，一定會包含很多透過網路聯繫，甚至直到歐洲會合當天才初見面的新朋友。旅途中互動的方式就絕對跟親友相聚的感覺不同。

在本章，就來談談旅伴。


### ◈ 十大能避則避的旅伴

以我的經驗，長途旅行是個個性放大鏡，有時候也是照妖鏡。

怎麼說呢？往往旅行，就是一個人跳脫日常生活圈圈的時期，在這樣時候，人們不需要在親友或同事面前戴上面具（畢竟，在職場上為了生存，人人要戴著禮貌社交的面具），很多人一旦踏出國門，心境就像離了牢籠的鳥一般，自由奔放起來，或許太奔放了，有些人就把原本隱藏的個性黑暗面展現出來。

有些人在國內是溫文儒雅的好好先生，到海外卻變得不懂禮節，可能在公車上大聲喧嘩、不遵守在地紀律等，就是那種「不需要再被管，我就可以隨心所欲」的心態。有些人在國內不那麼愛講話，但到海外就以為可以信口開

河，反正家人朋友也聽不到。其他像是真的把旅行當冒險，以為出國就可以不顧言行舉止，或者原本懂得自律，到海外就拋開原本的習慣，隨便亂花錢等等。

以上很多雖是個人行為，但既然旅行是採取團隊形式，往往不小心就會影響到其他人，甚至搞得大家一路都很不愉快。

其實旅行有時候跟婚姻很像：都是要找到適合的伴侶，但天底下很少真的完全天作地合的配對，兩人相處總要有適度的退讓與尊重（何況是很多人在一起）。而意見不合是絕對會發生的，就連自己一個人有時候都會發生今天想法跟昨天不一樣，更何況一群人相處，且是像旅行這種包含多樣狀況（包含住宿、搭車、目的地選擇、是否消費、停留時間多長、要去這家吃還是那家吃……）一定都會有不同意見，也絕對需要大家一起彼此包容，若真的選擇不同，也可以針對該項目分成不同團隊，例如午餐時間，可以各自行動，約好時間集合就好。

基本上我多年來跟不同個性組合的朋友出遊，倒是很少不愉快狀況。如果是預先在國內召集旅伴約定好結伴出遊，可能的話，希望團隊中盡量不要有以下狀況的人。

下面所列十大能避則避的旅伴，是結合我的親身經歷談，同時在網路上也有很多旅行達人有跟我一樣的心聲。

整理如下：

## 1. 馬後炮的干預者

這不僅僅是我個人認為最反感的旅伴，也是我在旅遊界聽聞許多相關導遊朋友或旅遊達人都同意，可以名列第一的劣質旅伴。

所謂馬後炮，就是事前都沒意見，好像很好溝通。實則不然，等真正成行後，才意見一大堆。這也不滿，那也不對的。這種人最可怕的地方在於，像個披著羊皮的狼，讓人無法事先預防，等發現對方是這種人，也無可奈何。

這類隊友，雖然通常只是嘴砲，但殺傷力卻很大，會讓旅程充滿陰影，如果加上有時候他可以拉到其他人附和他，會導致團隊感情被離間，讓當導遊的人很難做，也讓無辜的其他團員被捲入莫名的混亂中。

## 2. 負能量散播者

排名第一跟排名第二的，偏偏也是團隊旅行最常見的頭痛人物。負能量散播者，程度有輕重之分。比較輕微的，就是老愛碎碎念：「唉啊！這裡也還好嘛！領隊幹嘛之前把這形容得多美，害我好失望」「剛那裏好髒喔！還有蒼蠅，真噁心，領隊為何帶我們去那種地方？」這種人有時候像是只跟旁人「輕聲」抱怨，卻有意無意音量又剛好大到足以讓周邊的人聽見，要干涉他嘛！也不方便，人

家有聊天的自由，弄得不好，他反指控你偷聽，但整個氛圍就是不好。

嚴重的情況，就是一路上都苦著臉，好像整個團隊很對不起他的樣子，有的人不必講話，光表情就顯露出一種「被騙了」「好爛的行程」這種意思，讓領隊很難堪。有的則是直接的大聲抱怨，東西怎麼那麼難吃？車子怎麼等那麼久，是怎麼安排的啊？飯店服務怎麼那麼差........

這種人經常還有一句口頭禪：「這東西台灣也有，幹嘛來這買？」「這種老街跟台灣很多老街差不多，有什麼好逛的？」左一句這台灣也有，右一句那台灣也有。真想跟他說，現在是地球村時代，很多景觀全球都一樣，乾脆以後你都不要出國，否則你會看到許多跟台灣一樣的事物，礙你的眼。

一個團隊只要有一個這樣的人，大家旅行都會很不舒服，偏偏在國外，大家又只能在一起，那就很痛苦。

### 3. 難伺候型

其實在一般旅行社跟團旅行時，較容易碰到這種人，反正就是花錢就是大爺的心態，以為導遊領隊都該好好奉侍他，嚴重的情況，這種人講話頤指氣使的，用使喚下人的語氣跟人講話。

就算在非旅行社導遊團，而是一般同好相約成行的

團，也難免會有這類人，情節可能不是表現在傲慢態度上，而是一種挑剔的狀況，嫌東嫌西的，好比去某家餐廳，光看著菜單就皺著眉頭，後來說聲算了我不想吃了，大家自便。雖然不吃是他的自由，但他就是讓團隊整個氣氛變得低迷。

這裡指的不是用餐時候有人吃素這類情況，通常我們成團前都會事先問好有沒人吃素，或者甚麼特別不吃的（例如有人不吃牛肉），另外有人有特殊禁忌（像是有人對某些食物過敏）。這些都是沒關係的，事先溝通好就好，領隊也可以規畫時列入安排。

真正難伺候型的人，是大家怎麼做似乎都不對，反正他總是不滿意，吃也不滿，住也不滿。這種人跟負能量散播型很類似，只是表現方式是「不要，不喜歡」，而不像負能量散播者是大聲抱怨甚或發展成怒氣。但難伺候者的存在，還是會帶來大家困擾。

### 4. 自以為很行的人

一群人出遊，通常至少會有一個對旅遊行程夠熟的人，而不會人人都是新手。但這裡指的情況，是有人並非團隊的領隊或號召人，可是常常喜歡自以為是的想當意見領袖。情節較輕的，是常常干擾領隊講話，可能領隊在介紹一個古蹟，他就會旁邊打斷，把書中看到的知識搬出來

炫耀（甚至只是網路上的道聽塗說，也拿出班門弄斧，干預領隊）。在平常時候，也可能邊跟著團隊走，邊大聲的炫耀一些抄來的資訊，很多時候同行的人為了禮貌，也會假裝很專心聽他臭蓋，可是大家心裡想的卻是，可不可以安靜讓我專心看風景，或聽聽看導遊講甚麼。

有情節更嚴重的，則是直接想影響整個團隊，甚至想改變行程。「這附近不是有個老街很棒啊？我覺得我們應該繞去那邊」「你選的這個飯店真的好嗎？我怎麼覺得比一般住宿行情要貴啊？」這種人有時候，也同時是馬後炮型的干預者，許多事都來到國外才說，但多半時候，真的是臨時起意，就是可能自己有翻些旅遊書，或本身過往也些經歷，帶著想要炫耀的心，常常發表意見想讓人覺得他很厲害。

喔！你好棒棒，但可不可以偶爾閉上你的嘴巴！（我心中 OS 想著）

### 5. 把別人的服務當成理所當然的人

如果是跟團旅行，老實說，如果團員有問題想跟導遊請教，若有可能，導遊都該盡量回答，這部分沒問題。但這裡要表達的情況，是類似國內幾個同好一起出國旅行，大家都出一樣的錢，也都想好好旅行。可是卻有人一掌握到某某某就是個旅遊達人，從出發那一刻開始，就打定主

意黏著他。

如果偶爾被發問還好，但像歐旅那樣長時間（至少兩周以上）的旅行，有人把你當成免費領隊，甚至覺得為大家介紹每個景點是你的「義務」，那就會帶來一種壓力：不幫大家講解說不過去，但每天都為大家服務，卻被某些人視為理所當然，連謝謝都不說一聲，然後若碰到狀況，就怪罪是你沒事先注意。碰到這樣的人大家都會受不了。

### 6. 生活習慣不佳

每個人都有自己的一些生活小缺點，好比在家時經常作息不正常，或者做事總是拖泥帶水的。這些習性，在出國時，都盡量要調整，畢竟，在國外不比在家裡，你可不能愛怎樣就怎樣。

但還真的有人把壞的生活習性帶到國外，有些事屬於生理方面的，例如有些人晚上睡覺會打呼，雖然吵到同房的人，但並非故意的，這可以原諒。可是有些就真的是壞習性，常見的就是遲到，就老是有些人，每到說好的集合時間，他偏偏總是要拖到最晚到，之前有時間不上廁所，偏偏選在大家集合要出發時才說想上廁所。當真正在海外旅行時，大家都還是很有愛心的，就算因為某人遲到，後來甚至耽誤了下一個行程，大家也不能怎樣（總不能把他一個人丟下來吧！）

### 7. 貪小便宜的吝嗇鬼

出國難免會花錢，如果說一個地方，可能這一生只會來這一趟，當地有個著名的名產，那人們多半也不會省那個錢，千載難逢的機會，該買就買吧！

但有的惡劣隊友，總是唉嘆自己錢沒帶那麼多，這也無力買，那也捨不得買，沒錢買東西是每個人自家的事，不要影響到他人就好，可是偏偏這種人經常會占別人便宜。可能看到隊友在買東西，就帶著討好的表情湊過去：「某某某，我身上錢不夠，這個紀念品我也喜歡，你可否幫我帶一個？」反正刷卡嘛！他賭定對方不會拒絕，有的言明回國會還錢，有的就心中冀望對方會送他，如果某某某真的當下就阿莎力的說，沒關係啦！我買一個送你，那這個人就賺得到。

一次如此，兩次如此，如果這個人老是想找機會，讓別人幫他出錢，或買了甚麼東西也分他一個。那這樣的人就很討厭。

### 8. 不懂尊重別人的固執者

每個人個性都不同，興趣也會不同，團體旅行，就是集合各種不同個性興趣的人在一起，出門在外，就是要懂得包容。但有的人真的不懂得包容，老是覺得別人怎麼都不能跟他一樣？他認為是別人沒有品味，或別人沒有團隊

向心力（卻忘了自己在團隊中只是小眾）。

例如曾經去到某個小鎮，有人堅持要逛美術館，並且要別人陪他去（因為他語言不通）。實際情況，以我來說，我可能這個美術館以前去過了，今天不想去，或者純粹今天我想去逛街，剛好有個市集活動我想參加。但不尊重別人的固執者，就會希望大家都跟他同步，不然就會批評別人，甚至在話語上做人身攻擊。

其實我安排的旅行，都會保留一定的彈性，可能某個下午就在這個城鎮逛，在那段時間大家各自依照自己的興趣，愛逛美術館的去逛美術館，愛逛街的就去逛街，基本的集合地點我都會和大家講清楚，不會有人迷路。每個人都不會去勉強誰，這樣玩得會比較開心。

### 9. 把個人生意做到團隊來

這種情況近年越來越多，因為網路購物盛行，很多人出國旅行，就會列入血拚行程。有的人受親友所託，去到海外要採買很多東西，還特別列一張清單，這無可厚非，通常旅遊也會有足夠時間讓他去購物。但這裡提到的惡劣隊友，則可能不只是幫親友代購，而是做起生意來。

想做生意很好，人各有志，但重點是不要影響到別人，但曾有人，好像難得來歐洲一趟，行前大肆宣傳，搞得大家都知道他要去歐洲，而他還一路有機會就開直播，

各位好，我下午要去巴黎喔！有哪些人想買東西，趕快線上下單。

很多時候這種人根本沒專心旅行，都在線上交流，有時候講話也吵到同行的人。到每個地方，往往還須配合他特地去商場買東西，事後若買太多東西，可能還會哀求隊友們每個人協助他帶點貨（但賺的錢是他自己收），總之，帶給很多人困擾。

建議有志想開展自己網路事業的人，下次就自己規畫商務之旅，不要參加我們這種真正想旅行的同好團，免得誤人誤己。

## 10. 擺爛甚麼事都不管

這個列在第十名的劣質隊友，其實有程度輕重之差，一般來說，大部分去歐洲的朋友，很可能都是首次來，真的甚麼都不懂，必須依賴領隊帶領，這沒有關係，我也不會因此就說他們是豬隊友。但我指的情況是，真的只想享受，一點都不想付出的擺爛者。

以我所規畫的同好歐旅團來說，都會有一些分工的，畢竟我不是旅行社，很多服務我都是義務的，整個行程包含很多環節，也需要大家一起幫忙。例如我們通常會分工，好比這回我們去歐洲兩個月的旅行，可能德國部分我負責，義大利你負責等等，所謂負責，並不是到了那個國

家甚麼事都丟給你，而是指每一個國家有專門隊友負責蒐集資訊，安排該地的旅遊路徑，過程中我也會提供指導，若沒有大的問題，一般我都尊重對方。

但我曾碰到，有人明明就被分配負責某個國家，結果他根本沒做好準備，等到了那個國家，發現甚麼情報都不對（事前我當然無法去緊盯每個人的每項環節）。想去某個城鎮，卻發現當天沒有車，或者從這點到另一點，交通方式也沒安排好。怎麼辦？有人卻雙手一攤，歐洲我不熟，然後就丟給我，我還得想方設法，包括找我歐洲在地的朋友協助，後來才度過難關。

以號召朋友團體旅行來說，要怎樣才能找到理想的隊友，我的建議，要先找有共識（例如，如果大家都看過我這本書，認同我提到的十大踩雷，也立志不要當那個被人嫌的劣質旅伴，那就可以是很好的歐旅隊友）。

# Chapter.6

........................................................................

# 歐洲旅行的經濟學

　　歐洲旅行，常被視為貴族旅行，因為的確，相對於在台灣周邊的日韓東南亞可能五天四夜那種標準行程，或者往中國內地方向的不論是大江南北或北京，歐洲旅行的費用是這些旅行價位的兩倍以上，況且如果我們安排的是更深入的旅行，那真的要先存夠一筆錢才能出遊。

　　但價格高低其實不是重點，重點是是否物有所值。遠距離的行程，有兩個先天上就避不掉的成本：一個是機票錢（距離遠要花費更大里程費，這是理所當然的事），一個就是長天數所帶來自然花費（每天的食衣住行都要錢）。對每位歐旅的朋友來說，關心的是兩個問題：第一，我花的成本，是否就是原本該花的成本？（換句話說，是不是被坑了？）第二，既然花了錢我得到了甚麼？

　　有人說談錢傷感情，但人生並不是場白日夢，每天出門就是要花錢。

本章就把重點放在，在預算有限的情況下，如何聰明有效率的投資旅費？而如果搭配上後面幾章要介紹的歐旅導引，就可以帶領讀者擁有一趟高 CP 值的旅行。

### ◈ 節省旅費基本觀念篇

如何省錢？大家都很想知道，但任何的省錢都有一個基礎的底線：那就是不能因為省錢，犧牲掉原本該有的獲得。就好比有人在大特惠時段購買到正牌 Gucci 包，那是省錢；有人卻聽信網路賣家的話花低價購物，買到的卻是假貨，那樣就不叫省錢，而是當了冤大頭。

以旅行來說，再怎麼注重價格，有三個基本要素一定要做到，否則純為了省錢，犧牲旅遊品質那就是本末倒置。

**三要素：安全、目的、以及品質**

其中安全這件事完全不能打折扣，目的以及品質，則可以依每個人的需求做調整。

所謂**安全**，指的是旅遊從出門到歸國，都要很安全。例如不能為了省錢，沿路都搭來路不明的便車；不能為了省錢，搭乘不符檢驗標準的交通工具。因為生命無價，如果可以便宜一半價格，代價是有安全上的風險，就算那風

險只有 10%，也絕對不要。

　　所謂**目的**，指的包含地理上的目的以及計畫上的目的，例如這回旅行是想要去倫敦，計畫想去逛幾個世界知名的博物館。那麼可以飛去英國的方式不只一種，有不同的轉機組合，也有機票較便宜的時段。若有不影響安全，最終也可以抵達倫敦，讓我們去逛博物館的方式，那樣的省錢就可以嘗試。

　　所謂**品質**，這更是見仁見智，有人認為難得去歐洲，有些事情就是要體驗。例如有人覺得去倫敦一定要去看歌劇，有人去巴黎一定要吃某家米其林餐廳，那個費用就無法省。但其他沒那麼強調的，就是省錢可以著力的地方：好比，有人對住宿沒有太高的要求，可以睡一晚就好。那麼選擇民宿或與陌生人同房的青年民宿，就可以大幅節省成本。但對女性朋友來說，有些選擇不一定適合，不是因為違反品質原則，而是違反安全原則，例如跟陌生人同住青年旅館，對年輕女孩來說可能不適合。

　　以上是三大成本考量的基本底線，我做任何的規畫，一定都要符合以上三點。所以在本書我不會標榜，用最便宜的方式帶您去旅行（我知道坊間有類似的書，例如只花幾萬元就可以遊歷美國、遊歷歐洲等等，過程包括搭免費便車、吃即期食品，或搭配各種免費發放給遊民的食

物），這不屬於本書的聚焦範圍。

我強調的是「安全且符合一定品質」要求的旅行，我指的品質，以三餐來說，一樣要吃飽又有健康，以住宿來說，可以睡得舒適（而不一定都得要住在星級飯店），以交通來說，也是可以有各類彈性組合。

共同要求的前提就是：你要懂得蒐集資料。

這世界沒有白吃的午餐，想要用便宜的價格達到跟其他旅人一樣的目的，不需要犧牲甚麼，但就是你必須夠勤勞。例如我非常認真的做功課，累積自己歐旅的資訊。

如果一個人既嚮往美麗的歐洲，卻又不想預先投入時間做功課，那最終就不得不選擇各種昂貴的旅行社行程，貴還不打緊，實務上也不一定隨你所願，去到你想去的地方（例如可能去英國，這個團主力是逛街及看風景，那有些想逛美術館或看古蹟的人，就無法如願，或者就算去到博物館了，可是集合時間很趕，根本無法讓你好好地逛，那樣的旅行就充滿遺憾）。

另外一個方法，就是跟著郡珍旅遊達人去旅行，相關的時間地點規畫，可以參考本書 112~113 頁表格中的連結 QR code。

## ◈ 省錢旅遊法：機票篇

這世上不是甚麼東西都不二價的，特別是旅行，價格彈性真的很大。我們都知道，去超市買豬肉，就算還是有漲跌，但不會漲跌幅度太誇張。但旅行不同，包括國旅也是如此，大家都知道，以觀光區飯店來說，平日跟假日報價不僅不一樣，並且可能價差很多，例如在連假期間去熱門風景區，住宿費用可能是平日的兩「倍」以上（請注意，是倍數，而不是只增加個一兩成的概念）。

這樣的旅行價格差異，可說是全世界都一樣，也就是說去各國旅行（當然也包含歐洲），會碰到明明去同一個城市，甚至搭的是同一家航空公司的班機，結果兩個人付的錢不同，且可能價差很大。

關鍵就在於「時間」。

今天我們如果要去歐洲旅行，想要用最便宜實惠的價格買到機票。有兩個關鍵重點，都跟時間有關：

第一、萬變不離其宗，不論買機票、戲票，或各種商品預購都一樣：那就是越早下單，東西會越便宜。

以機票來說，如果提早半年訂票，票價是可能比當天才購買機票要省下 40% 以上的。

第二、選擇冷門的時段，或者選在需求較少的時段。例如就算同一天的班機，可能清晨出發（也就是三更半夜

就要去機場）的航班，要比白天出發的航班票價要便宜。

　　所謂需求較少的時段，這無法定義，實務上若搭配相關的 APP，就可以查詢到，好比某個班機還有多少座位，例如如果一個班機即將開航，但還有空位，為了求售免得有太多空位，可以想見那票價是可以壓很低的。

　　當然，這樣的機票適合那些有臨時行程的人（例如商務人士前一天才被通知今天要去哪個城市開會），懂得結合軟體就可以買到便宜機票。

　　對於長期需要當空中飛人者（例如我），還有幾種可以省錢的方法，在此也提供參考：

### ● 累積旅程換機票

　　前提就是盡量要搭同一家航空的班機，例如我是某些航空公司的會員（另外很多信用卡也有相關機制），身為會員每次搭機就可以累積旅程數，以我這樣經常長途旅行的人來說，累積的里程數是驚人的，也讓我可以用里程數換取免費的機票。

### ● 加入會員享受第一資訊

　　加入某些航空公司會員，不僅可以累積里程數，並且還可以常態收到航空公司發送的電子報，這會是優惠票價的第一手資訊，我就常注意這類資訊，一發現有特惠活動，就把握機會訂機票。

另外也有人雖不是航空公司會員，但可以長期關注航空公司官網，基本上各大航空都不定期會舉辦一些活動，在官網上或臉書釋出優惠票價訊息。話說回來，全世界想買便宜機票的很多，當看到這樣的資訊，往往想上去訂票都已經沒票了，因為這類票都很熱門，通常是秒殺的。所以最佳方式，還是直接加入會員，身為會員會更早知道資訊，在搶票上占有優勢。

### ● 善用各種航空資訊平台軟體

在我的手機裡，就有很多個這類的比價平台，以我的情況，我喜歡長期規畫旅行，提早半年或至少兩三個月購買便宜機票，但有時候也難免碰到，時間無法預先規畫，可能下周或下月就要出國，或者在一些國家的國內點對點航班，也無法太早訂購（因為旅行的原則之一：不要把行程排太滿）。當這樣的時候，這些 APP 軟體就很有幫助，只要嫻熟應用，可以快速的找到相對來說最便宜的機票。其實像我這樣的資深旅人，已經在心中對各國票價有個基本的數字，我看機票漲跌就好像看股票漲跌一般，票價有高有低的，有適合「進場」的時機等等。當你像我一般成為老鳥，買機票永遠不會當冤大頭。

坊間各種跟訂票相關的應用軟體很多，這裡我介紹一個我自身常用的：Skyscanner。

這個比價平台非常適合大家使用，除了介面清楚外，最大的優點就是中文化，許多人出國擔心語文問題，這個APP操作，不會讓你有這個問題。

其實，這個網站不只查得到便宜機票，也還包含租車以及飯店，不過我主要是用這介面找機票，租車以及飯店（仍要交叉比對其他的平台）。

類似的平台還有像是 Trip.com, Agoda，Funtime 等等，這裡不評比哪個 APP 比較好用，重點還是你本人要熟悉，熟悉到可能一有機票搜尋需要，就能快速點選比價。

以 SkyScanner 為例，不需要加入會員，就可以搜尋到許多的資訊。但由於入會免費，還是建議加入會員，優勢是可以得到更多第一手資訊。

Skyscanner 有手機版跟電腦介面版，無論何者，搜尋的第一步都是選擇地點。官網有清楚介面可以秀出世界各地的資訊，例如出發地是台北，目的地是中國，設定一個日期，可以出現許多選項，點選進去還可以看到更細部的例如台北到上海、台北到廣州等等的最低價位，當你針對某個單一選項再點進去，就可以看到更細節的部分，例如看到當天是幾點幾分的華航幾號班機等等，有這樣資訊就可以接著進行購票動作。

比較特別的，有一種人想去旅行，但可能還沒有設定

好目的地，那這個軟體，可以依照你的預算，搭配好比說你提前半年預定，秀出符合預算目標的世界不同城市便宜機票，有的人可能一看，原來去某個城市現在可以買到便宜機票，就這樣吧！決定去這裡。

基本操作都很簡單，選項也很多元，例如搭機就有直航或往返等選擇，也可以依照艙等做選擇。畫面呈現，也會依照你輸入的資訊，依序列出便宜機票價格。

其實就算暫時沒有要去旅行，單單以這個平台做操作練習，也可以建立一個資訊脈絡，了解飛往世界各地的機票行情。當有了這樣的資訊，如果後來你決定的是跟旅行社的團出遊，也可以藉此計算旅行社的報價，是否高出太多。

其他的比價軟體其實大致功能都差不多，只是介面呈現不同，對於經常想去旅行的人來說，手機上有個比價網，絕對是必備的。

這裡，我也列出幾個常用的旅行 APP，想去歐旅的朋友（或其他國家旅行也一樣），可以下載然後多方嘗試熟悉怎樣使用。

| APP名稱 | APP介紹 | QR Code | |
|---|---|---|---|
| | | iPhone | Android |
| SkyScanner | 是我最常用的APP，幫助我快速搜尋到不同航空公司票價比價，搭配你的時間預算做規畫。也包含酒店租車等訊息。 | | |
| Trip.Com | 顧名思義，本網站擁有旅行相關的資訊，包含飯店、機票、租車等比價資訊，也包含相關旅遊景點訊息，非常方便。 | | |
| Emirates | 這是阿聯酋航空公司的服務網站，因為居於歐旅關鍵樞紐，其提供的各種航班和旅遊資訊也很實用。 | | |
| Ryanair | 特別適合歐旅的在地資訊旅行網，搭廉航必備，其屬於總部設在愛爾蘭的歐洲最大廉價航空公司。 | | |
| EasyJet | 這是另一個在歐洲搭廉航時很重要的參考資訊網站。 | | |
| SAS | SAS是北歐重量級的航空集圖，該網站資訊特別適合北歐之旅。 | | |

| | | | |
|---|---|---|---|
| AirBnb | 這已是跨國旅行必備的訂房網站,全世界最知名的經營短期和長期寄宿家庭和體驗的線上平台。 | | |
| Booking | 世界最大旅遊電子商務平台之一。提供全球住宿預訂的服務。 | | |
| Rail Europe | 到歐洲搭乘火車旅行很方便,而本網站就是重要的歐旅搭火車資訊網。 | | |
| **租租車** | 華人創建的租車平台,對我們去歐洲租車來說很方便適用。 | | |
| Rentalcars.com | 全球最大的在線租車服務平台,歐旅自由行旅客必備。 | | |
| Google Map | 人人手機都有,但可能許多人都沒有善用。多方研究你會發現旅行少了它真的處處不便,有了它行遍四方。 | | |
| Google**翻譯** | 不論你英語實力強不強,都需要這個翻譯APP。畢竟,歐旅去的大部分國家不是英語為主。 | | |

### ◈ 省錢旅遊法：住宿及在地交通篇

旅行跟一般經營事業一樣，有兩種基礎成本：固定成本跟變動成本。

固定成本就是出門一趟一定會花的錢，主要就是來回機票，就算你只是飛過去某個國家機場到此一遊，立刻又飛回來，這筆錢還是會花到。

變動成本就是隨著一天天的行程，每天會逐步累積的錢，這又區分為必要花費以及非必要花費。所謂必要花費指的就是吃、住以及交通，非必要花費就是買紀念品或其他各種血拚。

記得前面說過的吧！省錢的前提要符合安全、目的以及品質。安全不用說，跟安全有關的錢不可以省（包括合法的交通工具、住宿以及旅保），接下來可以省的就是目的以及品質。好比你到西班牙的目的，是想造訪幾個博物館及教堂，結果為了省門票錢，卻只站在建築物外面不入內，那樣的省錢就省到失去了旅遊本意。

關於固定成本節省的部分，如同前一節所說，可以事先訂機票，或者結合比價網站找到便宜機票。

那麼關於每天的變動成本呢？這裡先聚焦在其中兩大筆花費：住宿以及交通。

實在說，吃東西這件事，不論你在台灣或在國外，本

來就每天要吃東西，這部分也比較可以控制，若覺預算有限，有時候去買菜回民宿自己煮，也是種方法。基本上不是大問題。真正大筆的開銷，還是住宿跟交通。並且有沒有準備，價格差很多。

以住宿這件事來說，跟訂機票一樣，如果可以提早半年或兩三個月預定的話，價格真的會便宜很多。（重點是在出國前一個月及前一周還是要去 Confirm，確認自己當天會去入住）。其實旅行社的做法就是這樣，他們往往提前半年前就包下飯店壓低價格，然後再賣給跟團旅客。只不過原本飯店價格就很貴了，就算被包下來打折後，還是很貴，旅客仍要付高昂的費用。相對來說，我所帶領的歐洲之旅，住的是較親民的民宿或旅店，有時候特殊狀況（例如較年輕時候，跟著也是年輕的夥伴）也可能訂的是青年旅店（或稱背包客旅店），那費用相對省很多。

以歐洲長天數來計算，試想，一天價差省個一兩千，十天半個月下來，那差額是很驚人的，我的旅行會比一般旅行團省個數萬元，一點都不奇怪。

以海外住宿來說，現在已經有很多的住宿相關網站，例如知名的 Airbnb，可以在出國前半年就事先規畫在不同國家不同城市的住宿，官網上也會清楚設定，依照你想要選的區域、房型、住宿提供的設備等等做分類，讓搜尋者

較好聯繫。目前的 Airbnb 也大致能做好基本的把關，能夠被列入 Airbnb 的民宿，都一定被考核過符合在地法規，以及 Arbnb 的政策，包括在安全以及清潔的要求方面，Airbnb 也都有設有規範，另外也有一定的申訴客服機制。長年來我也是經常透過 Airbnb 做旅宿搜尋、比價以及行程規畫。

其他跟住宿相關的網站例如，trivago, Agoda, booking 等，也都一定的公信力，但比較偏向正式的旅館及民宿，不像 Airbnb 可能有許多的真的是空間分享，後者相對來說，會比較便宜。

接著來談交通，也是一樣的道理，只要透過預訂（透過網路，在台灣也可以預訂歐洲的交通），越早訂價格也是越便宜。甚至很多時候，如果沒有預訂，你臨時才想買票，好比說想搭乘歐洲之星高鐵，或者在瑞士德國搭火車，想買票也不一定買得到。

以交通來說，要先設定旅遊的模式。再來規畫省錢方法：

一般主要有兩種交通主模式：

**1. 搭乘大眾運輸**

包含公車、火車、高鐵。例如在英國，還有德國、瑞士等國家，有密集公車網，或者一些知名景點都有火車

站，那搭乘大眾運輸就很方便。如果一開始就設定這幾天會在德國及瑞士旅行，那就可以預先購買鐵路 Pass 票券，一張票券可以在某個範圍時效內，不限距離不限次數的搭車，用這種「吃到飽」的方式旅行，既可以去到很多想去的景點，並且大大省下交通費。

**2. 租車旅行**

不是所有國家都有綿密鐵路網或公路網，或者有的國家幅員較大，相關景點距離比較遠。例如在法國或北歐，最佳旅行方式還是租車。同樣的道理，早點租車也可以用較便宜費率租用。

當還在台灣的時候，就可以上網租車了。這樣也免得臨時到現場，跟你說沒車了。

有一個我常使用的租車平台，叫做租租車（網址：https://w.zuzuche.com），這個網站因為是由中國人經營的，所以有中文化介面，我實際使用也非常好用，並且服務還算到位。例如我曾有一次在冰島旅行發生車子受損問題，那時有發生需要賠償以及日後保險理賠的事情。透過租租車網，後來也都能順利處理。

我推薦讀者要去海外租車可以參考看看。

以變動成本部分來說，相信只要掌控好住宿及交通這兩大花費，整體加起來就會省下很多錢。特別是對歐洲旅

行來講，差別更是很大，所謂「資訊的落差，就是財富的落差」。懂得掌握這些省錢資訊的人，歐旅可以省下的錢絕對是好幾萬。

至於其他的花費，好比每天的三餐以及其他遊樂性質的花費，省錢的竅門就在於是否懂得節制（有的人出門在外，就是忍不住這也想買那也想買），另外懂得透過網路資訊，好比有些餐廳預訂可以比較便宜，另外透過網路購買一些好比歌劇院票或球賽票也都比較便宜。此外，以文化花費來說，例如有人到歐洲想去逛美術館博物館，不同國家不同城市，也會有一些特惠日，或特惠時段，選在那樣時間點去逛就不需要花錢。


◆ **歐旅要怎樣聰明做金錢花費**

出國一定會用到錢，但若帶太多錢在身上，一方面海關有相關的身上攜帶現金規定（一般都有不超過台幣十萬元的限制），另一方面也怕碰到扒手或錢包遺失了，人在國外那就感到是場災難。

大家都知道，一卡在手，行遍天下很方便。不過這裡要跟讀者分享的，不只是消費要很方便，還得要顧慮到海外經濟學：亦即同樣的一筆消費，如何做到最省？

有兩種層次的思維：

**第一層：物超所值的消費**

在同樣的消費下，能以更低價取得或每筆支出有額外的回饋。這就攸關信用卡的選擇。我們每個人可能包包內都有不只一張卡，當然出國時候不要帶太多張（雞蛋不要放同一個籃子，碰到竊賊就損失慘重）。一定要選最適合出國消費的。包含：

1. 用該張卡消費可以打折，同樣的商品，你買東西可以打折那就是賺到。

2. 有累積點數以及其他消費回饋，如果說同樣一筆消費，但可以額外換到其他回饋（例如累積里程換機票，或者用餐折抵券）那就很實惠。

然而也必須說，以上的消費概念，不只適用在海外也適用在國內。如果純以海外出遊，特別是長天數的歐旅，那使用信用卡還有更多的注意事項。

**第二層：方便海外的消費**

其實很多人出國旅遊，特別是像我這般經常安排一次就超過一個月的歐旅，重視的不只是消費上的折扣，而是更符合現實的：額度必須足夠，以及各種手續費的減免。

很多人以為每筆消費有折扣及點數累積很高興，但卻可能沒注意到一筆其實不小的花費：那就是手續費。正常

來說銀行推廣信用卡主要賺的兩筆錢，一筆是信用卡未按時繳納所負擔的利息，一筆就是每次交易的服務費（所以大家都知道在國內刷卡很多店家要加收你 3% 的費用，因為信用卡不只對你收服務費也對店家收服務費）。

另外還有一筆也是經常必忽略的，但其實往往金額很大的成本：就是換匯的匯差。近些年來，很多出國旅行的人都有碰到這樣的問題：在國外好比是高級餐廳用餐，Waiter 會問你，要使用歐元或本地貨幣？如果顧客沒意見（因為不懂有甚麼差別？以為不是金額應該都一樣嗎？）交給餐廳自行決定，那對方肯定會跟你收取歐元，那客人回國後才知道損失大了，好比在瑞士本地貨幣是克朗，若店家用歐元幫你結帳，那他採取的匯率肯定是遠遠不利於你的那種（畢竟很多旅客因為語言不通或不好意思問，當場也不會跟店家討論當天的匯率），等於每次交易你都會損失相當的匯差，如果以歐旅這樣的長天數，可能碰到好幾次這類的狀況，那累積起來的金額是很可怕的：可能回國收到帳單才知道因為匯差你額外損失了好幾萬元，比起原以為什麼刷卡優惠有省到幾千元，其實在匯差這裡就讓旅客大賠一筆。

因此，在海外刷卡，第一是要選擇適合的信用卡，第二則是要記得刷卡要堅持選擇以當地貨幣結算。

刷卡的信用卡選擇重點：

### ● 平日培養長期信用，可以將優惠集中計算的卡

如果手中的卡每張都有不同優惠，但被分散使用，結果都會因為金額不足而沒甚麼優惠效果。還不如集中一張（例如里程數累積）比較實際。此外，如果跟同一家銀行長期合作，到要出國時候，也可以提出申請，因為出國需要想要擴展消費額度，那機會是比較大。

### ● 選擇可搭配特殊的換匯信用卡

例如我本人使用的是玉山雙幣信用卡，優點是在國外以歐元繳款，免收 1.5% 國外交易服務費（國內消費以新臺幣繳款，享現金回饋）。

當然主要還是選擇歐元區國家（歐旅大部分還是屬於歐元區），如果牽涉到本地貨幣（例如英鎊、克朗），就要時時注意當天的匯率，在消費時不要被店家坑了。

### ● 其他相關海外消費信用卡資訊

如果是較少出國，平常也沒特殊累積里程數等需求的朋友，在出國前可以留意各家銀行信用卡的海外優惠（這類規定可能每年會變更，消費者要自己留意）。

例如以截至 2023 年底的資訊，有針對日韓旅遊可以享消費 6% 回饋的卡（富邦、聯邦），也有針對海外旅行都有 2.55% 回饋，若消費超過一定額度還有加碼送折扣

（星展），或是有的卡有跟國際航空旅宿交通品牌有合作，可以享有高達 5% 回饋的（台新）的。本身有歐旅計畫，但尚沒有確定要帶哪張卡的朋友，可以出國前半年多多留意各家的優惠資訊。

　　從出國前就要注意的歐旅經濟學：出國難免會花費不少的錢，且心境上有人一出了國門就放棄掉原本在國內嚴謹的理財規畫，有變得比在國內奢侈的傾向（一方面也因為語文隔閡比較看不懂外幣的計算，而疏忽花費控管）。

　　我的建議，出國旅行，不需要斤斤計較，畢竟很多人難得出國門，也不需要這也不敢花那也不敢嘗試，但也絕不要讓自己淪為被坑錢的肥羊。特別是歐旅長達至少兩周以上，每天都多花一點，久了也累積龐大金額，所以建議是：當花則花，但也別忘了要守住理財原則（否則直接參加旅行團昂貴旅程就好）。另外，出國前也要先為自己訂個花費上限，免得出國時玩得很開心，回國後卻得一段時間節衣縮食，有種天堂掉到地獄的感覺，那就很不好。可以預先做好財務規畫表，跟專家達人討論，例如若要去英國，預估會經過哪些地方，整個食衣住行花費約是多少（如果是跟著郡珍一起出遊，這方面我都會事先跟團隊討論），可能訂好一個花費上限（十萬、二十萬），心中有個底，也不影響自己整年的生活開銷。那樣才能玩得

安心。

做好理財規畫，以及有正確心態後，那麼出國就是身上要帶著一定數量的現金（主要是支付小額花費以及以備不時之需），平常主要花費還是以刷卡為主，而以我來說，我更是在台灣就已經事先支付好歐旅的相關費用，例如住宿機票交通等，那麼到了歐洲就主要是處理每天的三餐、觀光門票、短程交通以及買紀念品的費用。

最後總結來提醒歐洲消費要注意的事項：

1. 一卡在手，行遍天下。在歐洲有卡非常方便，沒卡窒礙難行。但很多人會忽略手續費問題，消費時絕對要注意。

2. 比一卡在手還方便的，乾脆就是用行動支付，掏手機就好不需掏卡，但切記，不要在國外耍帥般拿出手機想消費，卻「卡」在櫃檯前手機沒反應，超尷尬。請記住，出國前要先詢問你信用卡綁定銀行，確認這樣可以在海外行動支付。

3. 省錢的另一件要事，就是退稅，基本上若達退稅門檻，在結帳時出示護照給店員，即可辦理退稅、索取退稅單。退稅還可以選擇，看是要現金退款（並在機場櫃檯領取），或是信用卡退款。我個人喜歡信用卡退款，因為都要回國了，身上不想太多外幣，當選擇信用卡退款，只在

自己的退稅單上填上卡號就可。此外，退稅單不是填好就好，要「蓋章」才有效，退稅單上一定要有海關蓋章，而且這不是可以快速處理的，是要排隊的，如果太晚去機場的，就來不及辦退稅了。為此，建議事先把資料填寫完，並把不同退稅公司的退稅單分類好，後續才不會慌亂。

4. 有關換匯的問題，網路上有很多資訊，基本上只要不要差太多就好，畢竟我們不是想靠換匯來賺錢。原則上去銀行換匯率最划算，但這適用在出國門前，當人在海外就必須彈性應對。以下這個網站是我看過對這方面資訊提供很多清楚的，可以一次看懂各種換匯方式優缺點（機場／市區／海外換匯），也提供讀者參考。

https://www.backpackers.com.tw/forum/showthread.php?t=10382868

# 第三篇

# 歐洲珍美麗

## 郡珍推薦的歐洲之旅：西歐東歐篇

# Chapter.7

## 內陸的風光明媚：
## 瑞士及德國

　　提起歐洲的美麗，幾乎甚麼美好形容詞都可以用上：多采多姿、美不勝收、鳥語花香、良辰美景、蔚為大觀……

　　然而美則美矣，重點是，深入內裡，再由內而外，化做一種感動。試想，如果一個外國朋友到台灣，想遊九份，只是為了看夜晚層層高疊的燈景，而不知道背後曾經的金礦輝煌盛世，以及衍伸周邊包含整個水金九的故事；逛中正紀念堂，只看見是幾棟古中國樣式的建物，而不知道其設計的寓意，以及兩廳院中間的廣場歷經幾多風霜？雖然依然不減出國觀光的新鮮感，但只是一種看熱鬧的心境，旅行不免仍是一種拍照打卡的戶外散心（只是是費用高昂的散心）。

當然，人各有志，有人休假就是想放空，能吹吹異國的風，欣賞沒看過的景色就好，何必那麼嚴肅？我本身也不建議每個人都得把旅行當成是一種「戶外學習」，認為一定要做足功課，都可以應付地理考試一百分了才能出國遊歷。

如何取其中庸？難得的歐旅不要只是走馬看花，好像擁有珍寶卻不識貨；也不要搞得工作已經夠累了，連出國也要弄得那麼認真。因此在本書我就針對歐旅，推出幾個旅遊重點，與讀者分享。

### ◇ 認識歐遊的分類規畫

遊歐洲，要先知道，歐洲是一個很大的概念，並沒有一個一體適用的總體旅行賞遊標準。以風景來說，英法德義西等世人耳熟能詳的國家，風情各個不同，也無法定型分類，更何況還有眾多名字較不那麼普及的小國；以經濟生活水平及物價來說，也是繁華燦爛以及衰頹沒落並存，有的國家治安及秩序較好，但也有的宵小橫行，旅人連行路也要非常小心；以文化風俗來說，各國也都不相似，連手勢認知也差很多，好比台灣人熟悉的大拇指食指圈起來，表示 OK 沒問題，但在法國這手勢代表一文不值，在

德國更有可能被視為是一種侮辱。此外好比人們習慣認知裡法國浪漫、德國嚴謹，其實也不能盡皆對號入座，但也的確風俗差異很大。

　　無論如何，旅行一定要有個分類，這樣子也比較好規畫行程。因此在本書我依照聯合國的畫分方式，讀者也可以比照，將歐洲切成四大部分：西歐、東歐、北歐、南歐。如下圖：

| 西歐 | 東歐 | 北歐 | 南歐 |
|---|---|---|---|
| 法國 | 波蘭 | 丹麥 | 葡萄牙 |
| 荷蘭 | 匈牙利 | 挪威 | 西班牙 |
| 比利時 | 斯洛伐克 | 冰島 | 希臘 |
| 盧森堡 | 捷克 | 芬蘭 | 義大利 |
| 瑞士 | 保加利亞 | 瑞典 | 梵蒂岡 |
| 列支敦斯登 | 羅馬尼亞 | 立陶宛 | 安道爾 |
| 奧地利 | 俄羅斯 | 拉脫維亞 | 北馬其頓 |
| 摩納哥 | 烏克蘭 | 愛沙尼亞 | 聖馬利諾 |
| 英國 | 白俄羅斯 |  | 馬爾他 |
| 德國 | 摩爾多瓦 |  | 斯洛維尼亞 |
| 愛爾蘭 |  |  | 克羅埃西亞 |
|  |  |  | 波士尼亞與赫塞哥維納 |
|  |  |  | 蒙特內哥羅 |
|  |  |  | 塞爾維亞 |
|  |  |  | 科索沃 |
|  |  |  | 阿爾巴尼亞 |
|  |  |  | 直布羅陀 |

　　其中南歐，擁有最多國家，表單上高達十七個，但其中有些國家仍比較有治安疑慮甚至政權動盪問題，巴爾幹半島近百年以來素有火藥庫之稱，到了現代也依然也有像是塞爾維亞與科索沃之間矛盾，以及民主跟共產勢力對決的衝突。除非是資深旅者，否則較不鼓勵一般民眾前往。不過依然有西葡義希等知名旅遊國度，另外針對所謂

南歐神祕五國（阿爾巴尼亞、馬其頓、保加利亞、羅馬尼亞、塞爾維亞）則不建議採自助旅行方式前往，還是跟團為宜。

北歐，只有八個國家，其中有波羅的海三小國之稱的立陶宛、愛沙尼亞、拉脫維亞也是屬於體制比較特別國家，不建議自助旅行。而北歐五國則相對有的領土較廣大有的偏遠交通不便。因此不論遊南歐或北歐，都需要個別定計畫，也都是要花費比較長的時間去旅行，例如光挪威一國，我自己 2022 年就花了三周旅遊，也仍意猶未盡，依然有很多地方都還沒去過，需安排第二第三次旅程前往。（因此已規畫 2024 來啟動另一次北歐之旅）

整體來說，以個別分區來看，北歐南歐都需要做不同規畫，因此通常旅行的安排，會分成各自的區間。這部分我們到下一章再來談。

相較來看，西歐及東歐，倒是可以連在一起旅遊，例如我們可以從瑞士出發，往東很快去到東歐的奧地利、匈牙利，但提起東歐，有一個直到 2023 年底都影響整個歐旅甚鉅的事件，就是烏俄戰爭，包含戰火中心點烏克蘭，以及白俄羅斯就是位在屬於東歐。實務上，東歐也並非推薦給初遊歐洲者去旅行的地方，就連我這樣的資深達人，至今也還是有許多東歐國家尚未造訪。無論如何，我仍會

規畫在近些年，於安全考量無虞下，逐一參訪，在本書，則主力重點還是一般民眾比較適宜的地區，其中西歐，還是優先考量。

本章讓我們先從歐洲核心的瑞士做介紹。


### ◈ 歐遊重點國家：瑞士

瑞士，是我旅遊史上非常重要的一個國家。在第一章有介紹，我二十幾歲的時候，就是因為跟妹妹去探親（我姊姊跟姊夫），後來在瑞士旅行感受到人情溫暖，進而愛上旅行也愛上歐洲的。

瑞士，做為一個象徵，非常重要。以地理位置來看，瑞士雖不算真正歐洲的中心，但以旅遊的角度來看，瑞士卻真的算是通往北歐南歐西歐的一個樞紐國。一個人如果處在瑞士，不論想去歐洲申根區的哪個國家，都不算太遠。而以這個國家對全世界的意義來看，瑞士從 1815 年就已經是個中立國，不再捲入國際戰爭，包含國際紅十字總會的總部，以及許多重要的國際單位（如聯合國日內瓦辦事處）也都設在這裡，因此瑞士給世人的整體象徵，就是和平。

由於瑞士如此的重要，本書要用專節來介紹瑞士。讓

我們抱持著和平開朗的心情來啟動旅行。

　　當你來到瑞士，重點不是去哪個景點，而是必須擁有哪種體驗。（其實這道理也適用到歐洲每個國家，我們出國就是來體驗不同的文化風情）

● 造訪瑞士絕對不可錯過的體驗，就是登山。

　　（套句厘俗：來瑞士就是要登山啊！不然來幹嘛？）

　　但登山不是得準備很多設備嗎？難道去歐洲一定要大包小包的嗎？不要擔心，這裡的登山不是要你參加像是去聖母峰朝聖那種高手級登山，也不是要你重裝在阿爾卑斯山攻頂。這裡要強調的一個瑞士登山特色，就是搭火車登山。另外當然也不是一路都窩在火車廂裡，而是選擇幾個重要的景點，也會下去健行，運動運動，但都是一般平民級的登山。

　　**1. 歐洲登山經典必去 No 1：少女峰**

　　這也是我二十幾歲就攀登的「高峰」，說是高峰有人誤以為這裡是歐洲最高峰，但其實這裡的確有全歐洲最高的火車站，但少女峰並非最高峰（位於法義邊界的勃朗峰才是）。

　　無論如何，少女峰海拔超過四千公尺，是個白雪皚皚的美境，重點是，交通非常方便，老人及小孩也都可以到達，因為有火車可以搭。事實上，光搭火車登山這

件事就是難得的體驗，從起點站 Kleine Schidegg，沿路經過 Eigergletscher、Eigerwand、以及 Eismeer 三個站，最後到達 Jungfraujoch（也就是少女峰站），包括鐵路本身以及各個火車站，都是有百年歷史的世界鐵道古蹟。還有火車本身，也是特殊設計可以用來爬行在陡峭的斜坡。在台灣人們熟知的登山鐵道就是阿里山火車，但阿里山畢竟不像少女峰高達超過四千公尺，也較難看到雪景。（附帶一提，這兩個鐵道都名列世界知名的登山鐵道）

　　而到了少女峰，光眼前壯麗的白色世界，就讓遊客感到震撼。在這裡除了看到雪雕般的美麗山景，以及透過遠眺，最遠能看到法國的山脈，還有德國的森林。觀光必看的還有阿萊奇冰川，這是阿爾卑斯山最大的冰川。

　　此外還有冰宮、冰雪樂園，都是台灣絕對體驗不到的雪地印象。

【小常識】Swiss Travel Pass

　　少女峰旅行很熱門，火車來回票也不便宜。在此，要介紹瑞士旅行必備的通行證 Swiss Travel Pass，這是個一票在手吃到飽的概念，持有該通行證，真的就是瑞士境內走透透，「各種」大眾運輸都可搭乘，還可免費參觀瑞士各個博物館。相當物超所值。當然特殊狀況，例如少女峰

火車無法免費，只能打折，但高達七五折的折數，還是可以讓瑞士之旅大省荷包。

## ● 造訪瑞士絕對不可錯過的體驗：火車旅行

在瑞士搭火車，不僅僅是種交通工具，並且鐵道之旅本身就是觀光重點。如果說連攀登少女峰都可以做到，那搭火車還可以有多少神奇的事呢？

在台灣，提起觀光火車大概會想到各種火車支線，包含阿里山線、平溪線還有集集線。但比起瑞士的鐵道行，這些規模都太小，在瑞士火車大略分成兩大類：一類就是國營的鐵道，主力就是各地的交通，瑞士鐵路網普及，大約搭火車大部分城市都可以到。另一類是私營的，就中就有各式各樣的主題鐵道行旅，這些火車刻意行經風光明媚的地方，搭火車重點不是點到點，而是過程中體驗的好風好景，這類景觀列車車廂還設計成都是透明落地窗，完全可以融入四周美景。

在各種主題列車中，我特別推薦的是冰河列車（Glacier Express）、伯尼那觀景列車（Bernina Express）。前者顧名思義，可以看到包含冰河及山谷等壯麗景象，後者則行經的路段甚至已被列入世界文化遺產。而為了讓遊客更能品味旅行況味，列車還會開得比一般火車速度慢，

真的搭車本身就是旅遊重點。

● **郡珍推薦瑞士旅行十大之最**

1. 琉森（Lucerne）／皮拉圖斯山（Pilatus）
2. 瑞吉山（Rigi）／鐵力士山（Titlis）
3. 策馬特（Zermatt）馬特宏峰（Matterhorn）
4. 茵特拉肯（Interlaken）少女峰（Jungfrau）
5. 格林德瓦（Grindelwald）
6. 洛桑（Lausanne）
7. 日內瓦（Geneva）
8. 黃金列車（Golden pass line）
9. 伯連納列車（Berina Express）
10. 冰河列車（Glacier Express）

　　本書不是旅遊指南，這裡只列出清單，有興趣的讀者，可以蒐集更詳盡資料，讓旅途更精彩。


◈ **歐遊重點國家：德國及荷比盧**

　　提起西歐內陸的旅行，德國跟瑞士都很重要，原因就是因為，由這兩個國家出發，通往其他國家都很方便，以德國來說，想去荷比盧或者法國，請往西走；想去文化古都：捷克布拉格以及音樂之都：維也納，就往東走。想

去北歐自然就是往北走囉！比較起來，去歐洲旅行，以德國做為中心點，似乎比瑞士更加通暢（只是在我心裡排行No 1 的還是瑞士）。

這裡我們把重點放在德國以及荷比盧三國，地理上這幾個國家都是緊密相連，歷史上，當年第二次世界大戰，德國就是往西燃起戰火，後來掀起人類史上傷亡最慘重的戰爭。至如今，到這些國家觀光，其中一個重點就是憑弔戰爭的罪行，在這些國家都有許多跟二戰相關的史蹟。

## ● 造訪德國絕對不可錯過的體驗：文化憑弔

其實不只是二戰，翻開歐洲文明史，有千百年都是戰來戰去的，爭奪政權的，爭奪宗教地位的等等，紛紛擾擾幾無寧日。過往的種種紛爭，流傳到現在，讓德國擁有世界數一數二的世界遺產數字，想想中國面積是德國的 27 倍大，但中國的世界遺產數字也只比德國多了 6 個（57：51 ）。而德國的那些遺產，有古城牆、教堂、城堡等等，背後都是一串串的故事，往往都是屬於腥風血雨的那種。

只不過往者已矣，現在德國這些古蹟，變成吸引世人的觀光點。對台灣遊客來說，如果沒有做相關歐洲歷史的功課，那可能第一次看很新奇，等看到後來都是類似的堡壘莊園等等的，可能就會比較無趣。

一般來說，太單一的個別景點，因為不知道歷史背

景，旅遊樂趣大減，建議還是以城市整個巡禮為主，感受不同城市的「氣質」。重點城市：

1. 法蘭克福：歌德的故鄉，參觀老城區品味歷史

2. 漢堡：德國通往世界的門戶

3. 柏林：二戰歷史遺跡這裡最多，首要打卡景點自然就是柏林圍牆

4. 科隆：這是德國最古老城市，史蹟遍布

5. 海德堡：享受古老街道漫步之旅，德國最古老大學在此建立

### ● 造訪荷比盧絕對不可錯過的體驗：歷史文化巡旅

荷比盧經常會被列在一起，不只是因為地理上相鄰而被合稱，而是歷史上這三國真的締結了比荷盧聯盟，三個都是低地國，也都是君主立憲國。這三國就像難兄難弟般，真的是禍福與共。好比二戰時這三國在希特勒閃電戰下，都在相近的二十天內投降。

在荷比盧觀光，主要重點依然是歷史文化，特別是來到這裡，一定要逛的就是博物館。

我本身也去過荷比盧很多次，這裡整理幾個我最推薦的旅行重點：

### 1. 博物館是一定要去的

若論大自然風光，其實荷比盧緊鄰德國，很多地理地

貌是相近的，但自古以來就是兵家必爭之地的荷比盧低地，因為歷經滄桑，而把許多精華留駐在博物館，這些文化精髓，是一定要去憑弔欣賞的。

而以旅行經濟學來說，一般博物館都需要門票的（例如去巴黎，要逛凡爾賽宮，門票要 12 歐元（台幣五六百元），如果一趟旅程會逛十個博物館或美術館，那加起來要台幣六千元以上，也是很大的開銷。不過有兩種逛博物館省錢的方法：

一種是買歐旅 Pass 卡，一種是選對特惠時間。

像前述的巴黎各博物館，如果事先買了 Paris Museum Pass，那就可以一卡逛到飽，同樣的概念在英國倫敦則有 London Pass，德國柏林也有 Berlin City Pass，還有像本節的重點荷比盧，也是有這類的一卡玩透透型態票卡，如果買了 Holland Pass（另外需搭配金色兌換或銀色兌換，就是類似 A 方案 B 方案優惠的概念），就可以自由的逛遍包含荷蘭國家博物館、海尼根體驗館、梵谷博物館、莫瑞泰斯皇家美術館等知名博物館、荷蘭國家海事博物館、阿姆斯特丹博物館、林布蘭之家等文化景點。

而在比利時則有很多歐洲著名的博物館，只要事先做好功課，逛博物館是可以免費的。例如去到首都布魯塞爾當地的幾間博物館，每個月的第一個週日可以免費參觀，

還有皇家廣場周邊的諸如比利時皇家美術博物館，每個月的第一個週三 13：00 過後也是免費參觀。在比利時幾個文化重鎮，像是布魯賽爾、根特、安特衛普，都有這方面的免費逛博物館優惠。像我這樣的資深旅遊達人，也都會把握機會盡情遨遊在這些文化場域裡，既欣賞波瀾壯闊的歷史文化之美，又可以大大省下荷包錢。

## 2. 悠閒的午後行旅

如果我們選擇自由行，但旅程內容跟一般趕行程的旅行團差不多，那就沒意思了。我喜歡的旅行，特別是像在荷比盧這樣的類小鎮國家（就是說，不像英法德那麼大都會化），最佳旅行方式，就是「悠哉」。畢竟，當我們去倫敦或巴黎等大城市，都有「必去」的大景點，但在類小鎮國家，還不如就以散步的心境，放鬆放鬆再放鬆。

可以到大街小巷走走，走累了就選個咖啡廳坐著品味時光，我就曾在布魯賽爾的 Wittamer 咖啡廳認識比利時籍朋友 Henau Greta 女士，兩人建立了終身的情誼。

還可以逛逛在地市集，例如布魯塞爾的聖誕市集可是全世界有名的，當然要選對季節（聖誕市集是十一月到隔年一月）。

## 3. 單一國家的主題特色

比利時：美食。很多人不知道，有幾種美食其實是源

自於比利時的，例如大家都愛吃的薯條。來比利時可以品味正宗的鬆餅、巧克力、炸薯條還有啤酒。

當然，尿尿小童是必要的打卡景點，也是布魯塞爾市標。（若能透過先查詢歷史知識，再重新看許多的文物，會更有樂趣）

荷蘭：海堤、風車、鬱金香。相信很多人就算沒去過荷蘭，也感受得到荷蘭的風情，因為台灣很多風景區喜歡複製荷蘭的風車還有花海（還有經常看到的是荷蘭的木鞋）。當來到荷蘭當地，自然就要去欣賞正宗的低地國美麗風情。

而提起荷蘭，很多人觀光客心中很想去的，肯定就是荷蘭紅燈區了，如果都已經來到阿姆斯特丹，那不論男女，都該來觀「光」一下，才不虛此行。所謂紅燈區不只一個，其中最知名也歷史最悠久的，是位在 De Wallen 運河兩側世界知名的櫥窗女郎，沿路走去全都是美女搔首弄姿春光無限。

盧森堡：比起荷蘭及比利時，盧森堡相對來說比較像是「順道遊」的概念，我本身也較少以盧森堡為目的地安排旅行。盧森堡主要有的是古蹟相關景點，另外，這裡有據說是「歐洲最美陽台」的康尼徐走廊。

## ● 郡珍推薦荷比盧旅行景點（荷比為主）

### 1. 比利時

尿尿小童（Manneken Pis）

布魯塞爾大廣場（Grand-Place）

聖彌額爾聖古都勒主教座堂（Cathédrale Saints-Michel-et-Gudule, Bruxelles）

藝術之丘（Mont des Arts）

比利時皇家美術博物館（Musées Royaux des Beaux-Arts de Belgique）

根特（Gent）

安特衛普（Antwerpen）

### 2. 荷蘭

梵谷博物館（Van Gogh Museum）

安妮之家（Anne Frank House）

海尼根體驗館（Heineken Experience）

桑斯安斯（Zaanse Schans）

阿姆斯特丹紅燈區（ Red Light District Amsterdam）

艾伯特傳統市集（Albert Cuyp Market）

# Chapter.8

# 仰望文明采風：
# 英國和法國

　　關於歐洲之旅，我曾做過小小測驗，問身邊朋友，如果有機會想去歐洲最想去哪些國家？答案不出意外，重疊性最高的兩個國家，就是英國和法國（第三則是義大利）。

　　其實這一點都不奇怪，畢竟許多人從小念西洋史，登場主角不是英國就是法國，就連美國也是源自英國。

　　以我本身來說，我跟英國很有感情，因為我的妹妹就是遠嫁到英國，而不誇張的說，我自己本身遊歷英國，特別是倫敦，就像走自家廚房般，非常熟悉。即便如此，我還是覺得，英國有許多地方我還沒去過，像是位在北邊的愛丁堡，我雖去過不只一次，但知名的愛丁堡國際藝術節，我尚未體驗過，有機會一定要再去造訪。

　　相較來說，另一個國人每次提到總露出夢幻表情的國

度就是法國，其實很多印象是來自於電視電影的渲染，真實情況，以觀光來說，主要還是看風景賞人文，但那種深入內裡的不論是法國式的浪漫還是法國式的頹廢，則比較適宜長期居住的人（例如留學生）才比較會有感受。

　　無論如何，若有機會做歐洲之旅，許多人會第一個選擇會是英國或法國，這裡也來做這歐洲兩大國的旅遊分享

### ◈ 歐遊重點國家：英國

　　算是一種私人情感推薦，我真的覺得英國這國家是百遊不厭的。這國家說大也不是頂大（約為台灣6.8倍），卻很有戲。其面積比日本跟泰國都小，就算在歐洲也比義大利、法國都小。然而面積不大，卻包含很豐富的內涵，不論是想要追求甚麼旅遊樂趣的人，來英國都可以找到相應的景點。包含：歷史古蹟、文化巡旅、大自然風情、乃至神祕的外星人傳說，更且可結合很多浪漫主題，好比悲壯的歷史（逛逛充滿滄桑感的蘇格蘭，背景響起風笛聲）、血脈賁張的運動賽事、或者深度文化之旅（靜態的大英博物館或去歌劇院看經典的歌劇魅影），別忘了還有哈利波特迷都一定要來的主題朝聖之旅。

　　英國真的很有料，很多觀光的選擇，並且交通上也尚

稱方便，對台灣民眾來說，唯一比較大的缺點就是物價比較高。但這點也是可以克服的，例如我結合英國火車通行證 BritRail，以及經常只靠著雙腿行走，既可以深入這個國度，也大大省錢。

既然聊起英國，也談到這裡很多主題之旅。本節也順便談談歐洲可以有甚麼有趣的故事主題之旅。

● **哈利波特主題之旅**

風靡全球至今超過 25 年，被譽為全世界最暢銷的書系之一，哈利波特系列雖是虛構的小說，帶著很濃的奇幻性質，但當然很多的場景都還是植基於現實生活中的實際建物或風光。以哈利波特主題之旅來說，身為麻瓜的我們所有觀光客們，最佳朝聖點不是倫敦市，而是倫敦近郊的牛津，那裡是霍格華茲校園的原型（其實牛津以及另一個英國知名文化重鎮劍橋，都是所謂的大學城，且都有相當的歷史，那裡的建築當然可以符合哈利波特整整七集都在描述的校園風，第三個英國當地的大學城杜倫，也同樣是哈利波特系列電影取景點之一）。

此外就是英國倫敦市本身的，像是國王十字車站（書中通往魔法世界的 9 又 3/4 月台）、利德賀市場（書中的斜角巷），還有在蘇格蘭的幾個景點如希爾湖，和埃蒂夫湖等，這些就比較遠。如果有心想朝聖的朋友，真的要準

備兩周以上時間才夠用。（至於有人就乾脆直接去哈利波特拍片現場或相關主題樂園，那就太偷懶太犯規了）

### ● 丹布朗主題之旅

其實我本身不是哈利波特迷，我並沒有特別去做哈利波特朝聖，我自己反倒真正有去做朝聖的，是丹布朗系列探尋之旅，實在說，這個難度才是真正高。不只因為這些景點遍布的範圍較廣，並且事先要做很多功課（也就是他的著作要讀好幾次，且真正去領悟書中那些密碼）。

丹布朗的著作截至 2023 年有七本。我的探尋之旅主要是三本書：《達文西密碼》、《天使與魔鬼》以及《地獄》。背景相關國家包括英國、法國與義大利，其實書中提到的解謎關鍵地點，都是知名的文化歷史景點，某種程度來說，這些書可說是成功的歐洲古蹟，置入性行銷。而我也因此有機會去到這些國家，也會順便對書中景點朝聖（甚至把書放在行李中，方便拿出來對照）。

關於丹布朗主題之旅，我去過的地方很多，真的都可以專題撰寫一本書了。

### ●其他文學主題行旅

其實我知道國內很多朋友，也愛做書籍主題旅行，其中最常朝聖的地點主要是日韓，緣由於日劇、韓劇在台灣盛行，此外，也因為日韓真的就地理上比較近。而歐洲方

面，比較泛泛的背景例如倫敦街頭、巴黎鐵塔，這不算。真的可以做到更深入考究的還有《阿莎嘉克莉絲汀偵探系列》（不過地點遍佈世界），此外我推薦的系列還有包括《千禧年三部曲》（主要場景都在瑞典），以及《尤‧奈斯博作品系列》（主要場景在挪威），由於我 2024 還有要規畫一次深度北歐之旅，因此也又重溫這些書。

而針對英國的部分，我最喜歡的英國作家是珍奧斯汀，包含《理性與感性》、《傲慢與偏見》等幾本著作，帶給我深遠影響，雖然因為年代久遠（十八世紀），她的作品難以做為尋根之旅，但每當我遊歷英國，也會回味書中描繪的英國風情，讓我的旅行感受更有溫度。此外珍奧斯汀最喜歡的城市：巴斯，我也很喜歡，那裡的古建築以及溫泉，推薦到英國必遊。

這裡還是回歸來談英國本身，那除了帶著小說去朝聖外，還有甚麼主題可以朝聖呢？我個人最喜歡的還有兩個：

### ● 英國博物館朝聖

英國真是文化天堂啊！不僅有像大英博物館這般的人類文化聖殿，並且非常佛心來著，英國逛博物館免費。

其實光是以博物館為主題，不誇張地說，就要耗去兩周時間（其中光大英博物館，就要花至少三天，也只能逛

到皮毛）。對愛好文化之旅的人來說，這肯定得靠自助旅行，沒有任何旅行社的團可以讓你窩在博物館幾天幾夜。

來英國有幾大博物館一定不可錯過，並且真的都是免費參觀。其中必去博物館有三間，不去會讓你朋友張大眼睛問「你真的有去英國嗎？」這三間就是大英博物館（各文明古國的千年萬年古蹟收藏，包含木乃伊）、自然歷史博物館（看恐龍化石的寶地）、以及維多利亞與亞伯特博物館（工藝美術、裝置及應用藝術）

● 英國體育朝聖

來英國要做甚麼？有人說要看倫敦塔及大笨鐘、有人說要看徐志摩的劍橋，但若問我的話，只要有去倫敦，我都不會錯過去現場看球賽。特別是溫布頓網球賽以及在曼徹斯特球場的足球賽，問問身邊周遭朋友，有誰這輩子曾經去過現場看過這兩個球場（並且與球星合影？）應該少之又少。

英國溫布頓網球場，不但是世界四大網球大賽常態會場之一，也被公認是最著名最值得朝聖的球場，其也以草地球場著稱。不過要來此朝聖要選對時間，每年只有六月底到七月中舉辦世界錦標賽。

足球賽的部分，英國真正是足球運動的發源地，全世界第一個足球運動組織也是誕生在英國，直到今天，英格

蘭各級的足球聯賽依然是英國國民生活中的大事。而對其他國家民眾來說，那帥氣的足球明星永遠的男神貝克漢，應該無人不知無人不曉。我在英國也親自去曼徹斯特球場看比賽。

除了網球賽足球賽外，在英國可以朝聖的運動賽事還有板球（全世界板球最盛行的國家）、高爾夫（很多人不知道，高爾夫球發源於英國）以及世界三大體育賽事之一的 F1（一級方程式）賽車世界錦標賽賽等等。

其他還有學術之旅 （英國周邊的幾個文化城鎮）、探祕之旅（神祕的巨石陣，以及充滿故事的蘇格蘭高地）以及歌劇之旅等等。

或者，不要管甚麼主題，光是來喝英式下午茶，或者來品嘗英國國民美食：炸魚薯條 Fish & Chips，也都是難忘的體驗。

● **郡珍的分享：關於英國你應該知道的**

**既然去一趟英國，你不可錯過：**

1. 白金漢宮（Buckingham Palace）衛兵換崗

2. 倫敦博物館（免費門票）

3. 皇室系列（白金漢宮 Buckingham Palace / 皇家城堡溫莎 Windsor Castle / 漢普敦宮 Hampton Court Palace）

4. 田園風光（推薦巴斯 Bath：珍奧斯丁 Jane Austen

最喜歡的城市）

　　5. 巨石陣（Stonehenge）

　　6. 曼徹斯特（Manchester）：參觀老特拉福德球場（Old Trafford）

　　7. 愛丁堡（Edinburgh）：愛丁堡城堡（Edinburgh Castle，蘇格蘭風笛，皇家英里大道（Royal Mile），王子街（Princes Street）以及威世忌酒廠參訪等

　　8. 學術重鎮：牛津（Oxford）以及劍橋（Cambridge）


◈ **歐遊重點國家：法國**

　　以個人來說，我喜歡英國遠勝過法國，但純以旅遊風情來看，實在說，法國可以切入的觀光行程還真的很多。只不過最大的缺點：相較於英國，也相較於歐陸其他國家，法國真的交通不是很方便，沒有便捷的大眾運輸系統，並且到處都要收費，就以博物館來說，相對於英國博物館免費，讓珍貴文明資產與世人共享，法國這邊卻是凡事都要收費，且物價不便宜，例如一瓶礦泉水，折合台幣就要 50 元，或者以世界各地都吃得到的漢堡來說，台灣漢堡大約不到一百元（通常人們點的是套餐，總共一百多元），但在巴黎同樣的漢堡可能要賣到約三百元。

所以就算是我們想要安排經濟實惠的旅行，在法國也是有先天上的困難。

　　在法國旅行，一定要有車，一般國內的旅行社都會安排主題之旅，最受歡迎的就是巴黎花都巡禮，還有蔚藍海岸普羅旺斯之旅。然而對於想要深度旅行，不只逛逛世界名都，也想見識法國不同地區的風情，那還是採取自助旅行方式為宜，交通方式唯一選擇就是租車。

　　法國旅行，以地理畫分，巴黎本身就是一個大景點，光這個城市就可以待個兩周也玩不完。然後就是以巴黎為中心，往東往西看，一般外國遊客很難走透透（特別是沒有便捷的交通），主要還是選定幾個區域。

　　亞爾薩斯區：大家歷史課本可能讀過，這個地區很有故事，最早曾隸屬於德國（以前叫做普魯士，更之前屬於神聖羅馬帝國），後來還曾經宣告獨立，再後來於 1919 年劃歸法國。可想而知，有那麼多歷史紛紛擾擾，這地區會有很多古蹟。

　　阿爾卑斯山區：位於法國東部，以大自然風情為主，知名的城市有里昂，以及安錫。

　　蔚藍海岸區：另一個國人跟團旅行愛去的景區，顧名思義，這是位在海邊的區，其中兩個知名大城一個是馬賽（這是法國最大港口），另一個是尼斯（知名渡假聖地）

普羅旺斯區：也是國人很響往的景點，緣由於一些書籍以及商業上的行銷，普羅旺斯這四個字帶給國人的意象就是陽光以及田園，在台灣也有參考這裡的風光，打造薰衣草田風景。最知名城市是亞維儂。

布列塔尼亞區跟諾曼第區：這裡就是國人較少造訪地區，位在法國西北部，一般民眾可能藉由歷史課本（好比二戰歷史），有聽聞過這裡，但實際到訪者不多。

法國旅行，若以主題畫分，則主要分成藝術人文之旅，以及大自然風光之旅。

### ● 法國藝術人文之旅

前面提過，要想逛法國各種博物館，是要收費的。但有解方，只要辦一張：Paris Museum Pass（巴黎博物館通行證），那就一切OK。

辦這通行證有兩大好處：第一是憑通行證可以參觀巴黎約50間紀念碑和博物館，第二是免去大排長龍之苦，要知道，時間就是金錢，有時候光排隊就耗去寶貴時光。

不過這個證時效很短，並且實際上一張也不便宜。主要分成兩種，一種是48小時的通行（就是兩天內要逛完所有博物館，這委實太趕），另一種是96小時（有四天時間，還算可以）。以後者來說，一張要將近台幣三千元，前者則是兩千多元。對不是特別愛逛博物館的朋友來說，

可能就不會選擇這樣方案。

不論如何，若購買了一張這樣的通行證，有幾個博物館是必去的：

1. 羅浮宮（巴黎知名地標，據統計是參觀人數最多的博物館）

2. 奧賽博物館（收藏世界上最多的印象派和後印象派作品）

3. 巴黎聖母院鐘樓（相信大家都聽過鐘樓怪人吧）

4. 國立橘園美術館（最有名的館藏是莫內的睡蓮）

5. 法國凱旋門（巴黎地標之一，附近就是香榭大道）

6. 畢卡索博物館（位在巴塞隆納，擁有四千多件畢卡索的原作）

7. 龐畢度中心（法國國家現代藝術博物館，被稱為是巴黎現代藝術重鎮）

既然辦了卡，以上七站就是肯定要去的點。否則真的太可惜了。其他憑卡還可以造訪的（我本人也全部都有去過），包含：

聖徒禮拜堂／巴黎古監獄／榮軍院：軍事博物館、拿破崙一世墓

羅丹博物館／裝飾藝術博物館／阿拉伯世界博物館／國家航海博物館

建築設計與文化遺產博物館／古斯塔夫莫羅博物館／巴黎下水道博物館

布朗利碼頭博物館／克呂尼博物館——國立中世紀博物館

也包含巴黎郊區景點：

凡爾賽宮和特里亞農宮國立博物館／楓丹白露城堡

航空航天博物館／聖日耳曼昂萊國家考古博物館

塞夫爾陶瓷城／莫里斯丹尼斯博物館

● **法國各地風情之旅**

如果說，許多的博物館行程，還是可以靠大眾運輸到達的話（巴黎本身也是有現代化的地鐵系統），那麼要往法國其他城市，真的就必須要開車了。

在前面章節我曾介紹過租租網，不論在法國或其他歐洲國家若需要租車，我主要都是透過租租網，租車還算方便。不過在法國開車，首要事項還是要先做好功課，大致了解法國地政，而且最好有兩人輪流開，在法國開車也是會面對很多狀況例如山路崎嶇，還有語文不通等問題。例如我跟友人就曾在南法開車，原本要去普羅旺斯，卻由於車上的 GPS 導航出狀況，當時看著紙本地圖最終還是開到尼斯去了。加上過程中一度快沒油了，法國的加油站並沒那麼普及，後來是有驚無險找到加油站。

此外，前面有說過，法國物價比較高，包括若走高速公路的話，收費也不便宜，例如從巴黎出發到法國東南部海邊單趟就要約 1500 台幣過路費，加上油錢以及租車費，在法國自助旅行預算真的要準備比較高。

當然，出國旅行重點還是欣賞美景，既然遊覽法國其他城鎮，只有租車這個方式，也只有隨遇而安，就好好去品味法國不同地區的小鎮風情。

我覺得南法真的很美，但如果是一般遊客，初次到法國，還是先以巴黎市本身及周邊為宜。推薦的必訪景點：

1. 凱旋門（Arch of triumph）

2. 艾菲爾鐵塔（Eiffel Tower）

3. 巴黎聖母院（Notre Dame Cathedral）

4. 凡爾賽宮（Palace of Versailles）

5. 塞納河（Seine River）

6. 羅浮宮博物館（Louvre Museum）

7. 盧森堡公園（Luxembourg Gardens）

8. 奧塞美術館（Musée d'Orsay）

9. 聖心堂（Basilique du Sacré-Cœur）

10. 香榭麗舍大道（Avenue des Champs-Élysées）

# Chapter.9

............................................................

# 物價低風光美的景區：
# 中歐及東歐

　　提起歐洲文明，大家都知道這裡歷史悠久，千年來有種種的變遷。但以發展結果來看，歐洲各地差異很大，有的國家，始終是全世界經濟發展頂尖的國家，有的國家卻經濟蕭條，還有的瀕臨破產。

　　其中被人們視為較「落後」的，主要是東歐，如果說國人赴歐洲的比例相對較少（以交通部公布的各年出國人數資訊，赴歐旅遊人數通常占全部出國人數的不到 10%）。那麼，扣除掉最熱門的英法義等國，實際上去過東歐的人少之又少。此外，過往以來，東歐給人的印象是既窮困且危險，像是令人看了毛骨悚然的【恐怖旅舍】等電影，更是把東歐旅行描述得很可怕很變態。

　　實務上，隨著現代文明的發展，東歐雖然經濟較不發

達，實際上也不會像電影演的那麼可怕。

本章另外要介紹的中歐，不是聯合國定義的分區概念，只是方便做說明所另外區分的主題介紹。

對我這樣的資深歐旅達人來說，其實也的確東歐及中歐是相對去的次數較少的國家，這也是我未來幾年要陸續進階挑戰的區域。


## ◇ 歐遊重點國家：前中歐四國

依照聯合國的畫分，歐洲分成四個區，其中並沒有中歐。不過，過往在台灣上地理課時的確有中歐這個稱呼，實務上，就算在歐洲當地，也依然有種中歐的概念，包括許多學校的地圖上，也還是有中歐這個分類。

傳統中歐的定義，包含奧地利、捷克、德國、匈牙利、列支敦斯登、波蘭、斯洛伐克、瑞士這幾個國家。其中德國跟瑞士在前面介紹過，現在屬於西歐。而這裡郡珍要特別分享的是奧地利、捷克、匈牙利。

這三國最特別的，就是常常被綁在一起談，一般旅遊行程也會規畫一次遊三國。從地圖上可以看出，其實有四國緊密相連（也就是外加一個斯洛伐克，實際上那是因為斯洛伐克本來是捷克的一部份，其於 1993 年獨立）。

人們熟知的，奧地利首都維也納，被稱為音樂之都；匈牙利首都布達佩斯，以及捷克首都布拉格，則都是歷史名城。

現在台灣有直飛維也納的航班，因此建議的旅行方式，就是以維也納為中心，往其他三個國家出發，可以搭乘鐵路也有跨國客運可搭，這四國距離算是很近，安排一兩周密集旅行，是可以去達很多地方的。

在此分別介紹這四個國家的特色：

## ● 奧地利

是這四個國家中，我最推薦的，若一般旅客可能假期時間有限，或經費有限，其實光停留在奧地利，就可以賞盡山光水色。這裡有免費的博物館，以及很多文化景點。其中我印象最深刻的除了首都維也納本身外，還有兩個城市：薩爾斯堡以及哈修塔特。

### 1. 維也納（Vienna）

既是音樂之都，也是藝術之都。顧名思義，這個城市必然有很多文化相關景點。並且對旅人來說，這裡最棒的地方，全市二三十幾個知名景點，交通都很方便，如果時間充裕，建議可以散步方式，一個個去走逛。這裡也有管理完善的地鐵系統，每個點都有到達。建議若以維也納為主要駐留點，可以購買維也納觀光通行證，可以免費去到

各個觀光熱點。

### 2. 薩爾斯堡（Salzburg）

被稱做是阿爾卑斯山的門庭，也是奧地利歷史最悠久的城市，所以兼具歷史人文與大自然之美，其最聞名的一件事就是這裡是音樂神童莫扎特的故鄉，這裡擁有眾多的劇院、音樂廳、電影院和博物館，薩爾斯堡音樂節也是音樂界的年度盛事。附帶一提，經典的電影【真善美】就是在薩爾斯堡拍攝，並且是植基於當地的真人真事。

### 3. 哈修塔特（Hallstatt）

可能對國人來說，原本這是個比較不知名的地方。但看了韓劇春天華爾滋後，就深深被吸引！這裡是我推薦，不僅僅是奧地利，而是全歐洲必去十大景點之一。真的是太美太美了，事實上，哈修塔特這個小鎮有被列入世界文化遺產，且被譽為世界上最美小鎮之一。其最大兩個特色，一個是任何角度拍，都可以拍出明信片般美照的湖濱景觀，一個就是鹽礦風光，這裡擁有世界最古老的鹽礦，鹽洞是絕對要列入參訪的行程。

如果時間規畫得足夠，好比有一個月時間可以盡情遊賞這奧匈捷斯四國，建議可以買 Eurail 歐鐵通行證，可以以維也納為中心，去到周邊幾個國家，其有數種方案可以選擇（當然票價會有所不同），搭配方案有連續幾天無限

搭乘（15 天、22 天、1-3 個月）或是一段時間內任選幾日無限搭乘（1 個月任選 4 天、1 個月任選 5 天、1 個月任選 7 天等、2 個月任選 5 天、10 天、15 天等）

結合原本規畫好的歐陸行程，使用歐洲火車通行證，可以省下很多額外交通費。

## ● 匈牙利

來到這裡首要造訪自然是有「歐洲最美城市」之稱的首都布達佩斯，單單說布達佩斯，可能一般人較沒感覺，但若提到多瑙河，相信大家就會眼睛一亮。布達佩斯是由舊城區布達，跟新城區佩斯合組而成。而橫跨兩個區之間的就是多瑙河。由於新舊兩區有截然不同的風采，這也是遊人喜歡這裡的原因。

布達佩斯本身也是個藝術城，有大大小小各種博物館美術館及電影院，每年的國際電影節以及夏日音樂節，也是國際藝文界盛事。

除了文化藝史層面，匈牙利也有壯闊大自然景觀，這裡有個霍爾托巴吉國家公園，也是被聯合國列為世界文化遺產的大景點。需要另外規畫至少一周以上時間來觀光。

## ● 捷克

提起捷克，大家腦海中浮現的應該都是屬於戰爭或政治方面的畫面，特別是捷克首都布拉格，人們耳熟能詳的

就是「布拉格之春」，還有米蘭昆德拉的經典傑作《生命中不能承受之輕》。

其實撇開沉重的歷史，布拉格本身也被譽為是童話之都，有著夢幻浪漫的風景，這裡欣賞的重點是城堡，以及古典的小鎮風光。另外對旅人來說，這裡的物價比台灣便宜。除了布拉格外，捷克的其他城鎮，主要也是主打歷史古蹟，也許國人去多了會感覺重複。一般捷克不是國人重度旅遊區。

不過我個人其實蠻喜歡捷克的，我可能也是國人中少數曾在捷克做過深度旅遊的人。我在捷克曾有一次難忘的下錯車經驗，雖然當下很惶恐，不過後來總算安然無恙。

主要原因是捷克跟西歐比起來（甚至跟奧地利比起來）是經濟更為落後，一些設施也相對沒那麼便利的，更且捷克語是屬於斯拉夫語系，我在那邊是完全無法透過語言暢行無阻的，於是就發生這樣的情況：當我搭當地的公車，身為外國人，自然不熟那裏的地理，只能邊搭車緊張的看窗外，深怕錯過目的地（那時我是要去一個名叫契斯基庫倫隆的城市），結果還真的下錯站。當時那是個像是前不著村後不著店的荒僻地點，我既看不懂路牌，也知道就算有車，下班車可能要等很久（搞不好一天只有兩三班也有可能），好在尚未天黑，並且下錯站的地方距離目的

地，還不算遠得離譜，當時透過台灣旅客的協助，搭上計程車終於找到我要去的城市。

不論如何，我覺得捷克還是挺美的，這裡也列出我捷克推薦景點：

1. 布拉格舊城區（The Old Town of Prague）
2. 查理街（Karlova Ulice）
3. 查理大橋（Charles Bridge）
4. 布拉格城堡（Prague Castle）、伏爾塔瓦河（Vltava River）沿岸
5. 切斯基克倫洛夫（Cesky Krumlov）

## ● 斯洛伐克

前身為捷克斯洛伐克，算起來至今立國才三十年，不過論歷史背景，斯洛伐克可是很有故事的。甚至這裡指的不單單是近代人類的歷史，還包括更早更早石器時代的歷史，這裡曾挖掘出 27 萬年前的史前遺骨。觀光方面，跟捷克一樣也是以歷史古蹟還有大自然風光（這裡有天然溫泉）為訴求重點。

基本上我對奧地利及捷克比較熟悉，另外兩國，是我要繼續開發深入了解的國家。

### ◈ 歐遊非重點國家：東歐國家

在聯合國的畫分中，東歐有多達十個國家，其中捷克、匈牙利還有斯洛伐克在上一節中，併在中歐一起介紹。其他的七國，包括現在（2023 年底）仍處在戰火中的俄羅斯以及烏克蘭，周邊的白俄羅斯，還有歷史上戰亂頻仍很悲情的波蘭，再來就是也被歸在歐洲火藥庫巴爾幹半島上的保加利亞、羅馬尼亞，還有一個國人較少聽過地理上也是離烏俄戰爭前線很近的摩爾瓦多。

雖然是非重點國家，但扣除正在戰亂的地區，其實東歐國家還是有可觀之處，除非是被列為旅行危險城市，否則都還是可以去觀光，而我也訂定計畫要去東歐做深度之旅。

實務上，也依然有旅行社推出東歐之旅（這裡指的不是捷克跟奧地利，這兩國很普遍，而是指保加利亞跟羅馬尼亞，這就比較少見）。

#### ● 保加利亞

原本二戰後是隸屬於蘇聯，所以當時是共產國家，後來是因為蘇聯共產政權垮台，保加利亞獨立出來，並朝民主議會制度發展。不過，對旅人來說，保加利亞旅行的樂趣之一，就是可以去接觸過往神祕的面紗，探看一些共產時代的遺址（但真的想這麼做的人可能得失望了，因為很

多相關的機構建築是對外不開放的）

　　以觀光主題來說，保加利亞的歷史人文相關古蹟也是很多的，不過這個國家的最大重點其是在生態方面，由於該國有超過 35% 的土地面積被森林覆蓋（這真的是件很難得的事情），因此保加利亞是歐洲生物多樣性最豐富的國家之一。

　　當然在交通不方便的前提下，較為野地的旅行，可能仍不適合初階的自助旅行者，仍是以在首都索菲亞及周邊為主，旅遊主題就是欣賞古蹟（包含教堂、以及歷史上各個時期留下的建物）。這裡的交通尚稱便利，但主要是公車及電車，而非常有趣的，這裡地鐵比較不那麼方便，原因就在於古蹟太多了，保加利亞是在古羅馬時期的地基上發展的，因此古蹟不但很多並且還在繼續挖掘中，就是因為這樣地鐵很難興建，動不動就碰到地底古蹟。

● 羅馬尼亞

　　羅馬尼亞雖為歐盟國家，但尚非申根會員國（前述的保加利亞也是如此），這也是東歐國家不建議被列為優先的原因之一，因為會有簽證上的問題（雖然免簽，但非申根式的免簽），此外，交通自然也是大問題，因為經濟效益差，所以台灣沒有直飛東歐的班機，要先飛去南歐（義大利或西班牙），再轉機過去。

由於經濟發展較落後，實務上對旅人會有較多的不便（例如沒有便捷可靠的交通網資訊系統），一般來說旅行還是聚焦在首都布加勒斯特，以此為中心可以搭火車通往其他城市，如果不趕時間，可以慢慢跟不準時的車班磨。

　　基本上羅馬尼亞旅行，也一樣是屬於藝史人文古蹟方面，另外若可以去到更遠的地方，則有登山行程（喀爾巴千山）。這已經屬於較高難度的自助旅行，也是將來郡珍想要挑戰的國家之一。

## 第四篇

# 歐洲珍好玩

郡珍推薦的歐洲之旅：南歐北歐篇

# Chapter.10

..................................................

# 要浪漫也要安全：
# 義大利及西葡

　　難得出國旅行，特別是去歐洲，很多人可能將之視為一生一次的機會，既然如此珍貴，就要選擇就令人難忘的。

　　總和我自己身經百戰遊歷各國的印象，加上我跟旅遊同好的分享，整理下來有幾個被視為到歐洲旅行最必須感受的浪漫：

　　● 排名第一推薦，毫無懸念，就是看到極光。

　　我自己也有幸在北歐旅行時看到美到令人讚嘆的極光（那是可遇而不可求的，不知多少人大老遠花幾十萬造訪北地，卻因等不到極光失望而回）。

　　● 排名第二推薦，是在巴黎鐵塔前和愛人接吻（我本身沒有這方面體驗，但這是許多戀人們列為夢寐以求的目

標）。

　　● 排名第三推薦，在義大利威尼斯與愛人一起搭貢多拉船看夕陽（再次的，這也是我所知道的戀人夢想版願望，但其實主要是受到電影小說的宣傳影響）。

　　其他跟浪漫有關的經驗還有很多：阿爾卑斯山賞雪、挪威看壯麗冰川、聖誕夜在布拉格廣場歡慶、以荒原古堡為背景聽蘇格蘭風笛……

　　其實，我要跟讀者分享的，只要心中有愛（愛自己、愛家人、愛朋友、愛世界都可以），那去到哪都可以很浪漫，當然，歐洲的異國風情絕對可以幫浪漫大大加分。

　　提起浪漫，歐洲最浪漫的國家，人們第一個想到的是巴黎，另外就是熱情滿滿的義大利，還有鬥牛士王國西班牙了。而後兩者正是南歐旅行重點。


### ◈ 歐旅安全注意事項

　　在介紹南歐旅行前，一定要提到的就是：旅行，浪漫很重要，但安全更重要。而必須說，歐旅的確有些安全事項要注意。

　　我自己也是經常出國，才知道，台灣真的是治安非常好的國家了。在海外，就算是號稱很文明的歐洲大國，旅

人出遊也必須很小心謹慎。別把在台灣生活的迷糊也帶過去，在台灣可能手機或錢包掉在桌上，隔個一小時想到，再回去拿，東西通常也都還在（不然就是店家先幫忙保管，或已送警局），但在歐洲，一個旅人（特別是東方人，再怎麼想融入在地，外表一看就是外地人）絕對就是宵小下手的好對象。一方面遊人往往玩得太開心了，真的忘記隨身的財物，二方面就算發生狀況，旅人語言不通，人生地不熟的，也多半求助無門。

而其中最常讓旅途視為畏途的兩個不安全地區，就是本章要介紹的南歐以及上章介紹過的東歐。南歐，特別是西班牙，有人說，如果外國人來到此地旅行好幾天，還能全身而退的，那真的是運氣非常好。實際上當然沒那麼誇張啦！我自己本身，旅行那麼多年以及那麼多國家以來，只有一兩次東西失竊經驗。但我真的常聽到這方面的案例，例如我去住青年旅館，聽各國旅人聊天，就一定會聽到這方面的事。

然而在本章，我也要為南歐出來緩頰，倒不是要說南歐治安好，不，南歐扒手真的還是多，可是，我要強調的，一個旅人不論是去歐洲哪個國家一樣，真的都要把荷包看好，此外也不要一個人去到人煙較少的地方，那可能會碰到搶劫。

事實是：整個歐洲都有這方面問題，這不是我自己的揣測，而是有來自正統單位的統計數據。依照 2023 年保險公司公布資訊（因為很多人東西被扒被偷，就會報旅平險理賠）。在歐洲因扒手失竊報案最多國家是義大利（是的，南歐的確還是最嚴重），但第二到第五名，卻分別是法國、荷蘭、德國以及希臘。想不到吧？看起來最嚴謹最守秩序的國家德國，扒手偷竊卻比西班牙高。另外，根據聯合國數據，其實歐洲竊盜率最高的第一是北歐，第二是西歐。相信這也跟一般人印象不同。

　　談到此，不是要嚇讀者，我覺得歐洲旅行依然很特別很珍貴，也不需要因噎廢食，怕遇到扒手或搶劫就不敢去歐洲。但的確以自助行來說，真的旅途中要特別留心。最簡單的方法就是結伴同行，多個照應。再者就是，在熱門的觀光景點或熱鬧的地方，不僅要多留一份心注意自己的財物，事實上，在那種地方（好比扒手最多的景點就是巴黎鐵塔，以及義大利羅馬的許願池，此外就是參加甚麼熱鬧慶典，別懷疑，「一定」會有扒手，並且，東方人絕對是被視為最好下手的肥羊）。結論：第一就是出國玩不要讓自己太放鬆，放鬆到被賊人盯上、第二，請務必記得，一定一定一定要保旅遊險，很重要，所以要說三次。

　　總之，歐洲旅行看好自己攜帶的財物，但也不需要害

怕到失去遊興。下面就來聊浪漫的南歐。


### ◈ 歐遊重點國家：義大利

依照聯合國的分類定義，南歐的範圍可說是最廣的，也是最不可能一趟旅行整個走透透，一方面有距離問題（最西邊的葡萄牙，跟最東邊的賽普勒斯不僅相距兩三千公里，並且中間隔著三個半島以及海洋），二方面屬性差很大，人們絕不會把巴爾幹半島國家跟西班牙想在一起。實務上，除了搭飛機點對點飛行，也很難沿著南歐國家一個個造訪，而一定要個別安排專門行程去旅行。

其中義大利，是提起南歐旅行大家必定第一個想到的國家，主因就在於這個國家非常有賣點，換句話說就是行銷廣告定位成功。我相信大部分人印象中的義大利都是來自電視電影或小說。就算這一輩子尚沒有去過，也一定都至少聽說羅馬、威尼斯。其他就是佛羅倫斯、米蘭、還有龐貝古城等等。

對我來說，歐洲之旅每個國家都有各自特色，義大利並非我最想凸顯的國家，不過我對兩個地方印象最深刻。

### ● 令人感嘆世事無常的龐貝（Pompeii）

一般人提起義大利，人們可能最想去的是水都威尼

斯，但我在還沒去義大利前，最想造訪的卻是龐貝古城，因為那是一個其實很悲壯的時代印記，是人類歷史上一個絕無僅有的超級時光膠囊。一次驚天動地的火山爆發，用炙熱的岩漿封印了那一天的古羅馬龐貝城。

有句話說：羅馬不是一天造成。其實光來到距羅馬三小時車程的龐貝古城，就可以體會這句話的意義。龐貝可不是個小小景點，以為像個廢棄的山村般逛一兩時就好，而是花一整天也看不完的大遺跡，並且過程沒甚麼遮蔽物，若是夏天造訪，旅人真的就很可以體會，這個城市不是一天造成的（更何況是羅馬）。

雖然我遊龐貝時因為豔陽高照，多少減了些遊興，但說真的，這個古城真的令人難忘，處在那裡中有種超越時光的錯覺，像是另一種形式的虛擬幻境，然而身邊的那些城牆以及種種場所，卻又是真實存在過的（而不是像某些電影城是被打造出來的情境）。想起書中描述這裡曾有的生活，再看看周遭真的心中很有感慨，所以建議行前還是要做點功課，了解龐貝以前的生活史。

去龐貝交通很方便，從拿坡里搭乘地鐵就可以到。反倒比較難的是實際進入龐貝城範圍，要小心迷路。此外，還是要強調：若不想淪為只是走馬看花，那就要多做功課。再提醒的一件事就是身上要帶瓶水，穿上一雙耐走的

好鞋，再來好好逛這個遺址。

● **造訪世界上最小的國家：梵諦岡（Vatican）**

理論上，梵諦岡是個獨立的國家，但實務上，以旅遊的角度，梵諦岡總是跟義大利綁在一起，很少人專程就是來梵諦岡旅行而不去羅馬，通常是反過來，主力是去羅馬，然後順便去梵諦岡。

梵諦岡有多小呢？去梵諦岡的感覺就好像是在台北搭捷運，然後到某個站下車，就走過去那樣的氛圍。說起來，根本就是幾棟建築物構成的一個區域，總面積才 0.44 平方公里，比台大校園還小（事實上是比台灣很多大學校園都小），有人形容就差不多等於逛兩個中正紀念堂那樣的大小。

當然，來到梵諦岡是要來感受這裡的神聖的，其中必去的就是聖彼德大教堂，我本身是因為熱愛丹布朗的小說《天使與魔鬼》，因此特來朝聖，實際到訪也真的被這裡的壯觀所震懾，畢竟這裡是全世界最大的教堂（在世界最小的國家有最大的教堂，這種對比也非常有趣），其中由米開朗基羅設計的穹頂，更是來此不可不瞻仰。

另一個大景點西斯汀禮拜堂是位在梵蒂岡博物館，這裡真正是藝術的殿堂，膾炙人口，藝術巨擘米開朗基羅繪製的《創世紀》與《最後的審判》，就在這裡。

雖然地方很小，但不要以為所需遊覽時間不多，千萬不要是那種兩三小時的安排，事實上就算花一天也不夠，深入去體驗一定要至少兩天。不過對一般遊客來說，最大的問題應該不是要停留多久，而是怎樣進去？例如如果沒有事先預約，旅人是不一定進得去梵諦岡博物館的，那裏也絕非悠哉的就可逛進去，而是一年四季總有長長的排隊人龍，事先要做好規畫，免得白跑一趟。也要注意展館都有開放時間，一般平日只開放到 18：00，最晚進場時間是下午四點。

## ● 其他義大利旅行推薦景點

1. 羅馬（Roma）

2. 拿波里（Napoli）

3. 阿瑪菲海岸（Amalfi Coast）

4. 西西里島（Sicilia）

5. 卡布里島（Capri）

6. 威尼斯（Venice）

7. 佛羅倫斯（Florence）

8. 比薩（Pisa）

9. 維洛納（Verona）

### ◈ 歐遊重點國家：西班牙及葡萄牙

如果不要特別去在意扒手問題，這兩個國家其實是很推薦的旅行國家：物價既便宜，且真的有非常浪漫的異國風情。

如同我非常強調的，旅行就是要去體驗不同的生活，西班牙真的有很多值得體驗的地方，最主要的就是那種屬於民族性特有的熱情。兩個舉世聞名的西班牙熱情象徵，一個是佛朗明哥舞，另一個是鬥牛。有機會造訪，可以親自見識這兩種很有民族風情的運動。以我本身來說，我比較喜歡歷史文化方面的東西，因此我每到一個國家都喜歡做古蹟巡禮，特別愛逛美術館，以及走老街古城，看看不同時期的建築。

以建築美學來說，來西班牙一定要造訪的就是高第建築。

### ● 被列入世界遺產大師級建築

所謂高第建築，不是單一個地方，而是包含很多高第的作品。被視為加泰隆尼亞現代主義代表人物的高第，以建築為世人所著稱，其作品複雜、新穎、獨樹一幟，其中最聞名的就是位在巴塞隆納的聖家堂，這個建築作品多特別呢？這是舉世唯一還沒完工就已經被列入世界遺產的建築，事實上，直到今天聖家堂依然是個持續興建中尚未完

成的天主教教堂，然而任何人親自來到聖家堂面前，沒有人不受到建築本身強烈風格的感動，真的可以感受到建物存在的本身就是人類文明史上的偉大藝術。甚至有人說，如果少了高第建築，那巴塞隆納就會只是個無趣的工業城市。

既然要來朝聖高第建築，就不會只去聖家堂單一個建築。被列入世界文化遺產的七個高第建築，其實去一一尋訪這些高第建築，也等同在做巴塞隆納這個城市的漫步之旅。建議在西班牙做深度旅遊，要買 Eurail Spain Pass，除了可以在西班牙搭車走透透之外，憑證購買巴塞隆納米拉之家 Casa Milà（La Pedrera）門票優惠。

對像我這麼愛逛博物館的人來說，這樣的優惠自然是不會錯過的。

### ● 觀賞馬德里足球賽事

知道我旅行風格的人，都了解郡珍的旅行方式，不會僅是走訪景點的賞遊（更別說是走馬看花），而是有機會我就會做深度之旅，所謂深度，就是讓自己就像當地人一般的生活，可能在一個地方住幾天，跟當地人一樣的飲食以及品味日常，也會現場去體會當地人熱愛的運動，例如在英國我有去參觀足球場，到了西班牙我也同樣沒錯過。

我在馬德里看足球賽，皇家馬德里是目前贏得最多次

西班牙甲級足球聯賽、歐洲冠軍聯賽、歐洲超級盃及世界盃冠軍的足球俱樂部。要看球，可不是隨時想看就能看，這裡的球賽都很熱門，通常一開賣很快就銷售一空，我也是事先規畫好行程，配合駐留西班牙的期間，預先買了球賽票才能參觀。至於觀球時的那種全場熱血沸騰盛況，自不待言。

● **從西班牙到葡萄牙**

西班牙本身就有幾個主要城市及地區瀏覽，也是必須預留至少兩周以上的時間，若時間及預算有限，最起碼要造訪的兩個地方就是馬德里以及巴塞隆納。如果有更長的規畫，就可以租車往南去到安達魯西亞地區。

如果是馬德里跟巴塞隆納，基本上這裡的地鐵網絡都還方便，城市間也有高鐵相通。事實上，如同在瑞士一般，在西班牙搭火車旅行，也是旅行的一種樂趣。建議可以備妥西班牙火車通行證，可以根據行程安排，一個月內任選三天、四天 、五天或更久的日數，而且當天無限次搭乘火車。這對旅人來說，真的很划算。

至於鄰國葡萄牙，雖然兩國相鄰，但旅遊上要獨立規畫，一般國人喜歡安排西葡之旅（也就是去西班牙，「順便」去葡萄牙），那種方式一定無法做到深入。以我的方式，我還是單獨安排葡萄牙行程，直接搭機去到首都里斯

本，再以里斯本為中心，去到不同景點。

葡萄牙里斯本，是個風光明媚的城市，並且這裡以美麗的夜生活聞名（所謂里斯本之夜），這城市依山面海，坐落在地形起伏多變的山丘上，也被稱作「七丘之城」，夜晚則有很多藝術音樂表演，來此品味這樣美好夜晚，終身難忘。在葡萄交通方式也是搭乘火車為主力，包括通往葡萄牙另一個觀光熱門大點：波多，也是搭火車就可以到達（附帶一提，有一種交通方式是從波多搭夜車去西班牙首都里斯本，對於很少體驗過搭夜車睡臥舖經驗的國人來說，是種特殊經驗）。

另一個我個人非常推薦的美麗景點就是波多，波多有多美呢？我曾經把我在波多旅行的照片分享給朋友看，大家眾口同聲說：這是哪個仙境啊！怎麼那麼美？

波多位在葡萄牙北部，也是個港口城市，事實上，「波多」這個名字的原意就是港口，這城市擁有古老歷史以及不被現代文明污染的種種史蹟，所以城市本身就被列為世界文化遺產，而這裡更是被譽為「走到哪裡拍照都可以像張明信片」，可見有多美。在這樣美麗的城市散步，自然要搭配很優雅的咖啡廳囉！是的，波多的另一個特色就是這裡的咖啡廳，其中還包括哈利波特作者 J.K 羅琳曾在此寫稿的 MAJESTIC CAFÉ 咖啡廳（她曾在波多住過

十八個月），被譽為是全世界十大最美咖啡廳之一。

● **綜合來看，西葡旅行值得推薦的景點**
**西班牙部分：**
1. 巴塞隆納（Barcelona）高第（Gaudi）建築
2. 塞維亞（Sevilla）
3. 加的斯（Cadiz）
4. 哥多華（Cordoba）
5. 格拉那達（Grenada）
6. 龍達（Ronda）
7. 米哈斯（Mijas）
8. 馬德里（Madrid）
9. 托雷多（Toledo）
10. 賽哥維亞（Segovia）

**葡萄牙部分：**
1. 里斯本（Lisbon）
2. 波多（Porto）
3. 羅卡角（Cabo da Roca）

**Chapter.11**

........................................................

# 由南到北玩透透：
# 從南歐到北歐

　　到此為止，其實一般國人歐旅最常去的幾個國家我都介紹過了。本章要介紹的幾個國家，屬於比較冷門，身邊較少有人造訪過的地區。

　　雖然我本身是歐旅達人，但像南歐北歐還是有幾個國家沒去過，以北歐來說我去過挪威、丹麥、冰島（都是長時間的深度之旅），但芬蘭尚未造訪，瑞典也只是探勘般的單一城市駐留（已規畫 2024 北歐之行），南歐則屬於巴爾幹半島的部分，畢竟還是屬於較高風險地區，是屬於尚待開發領域。

　　無論如何，在本章我也依然整理幾個針對南歐東半部地區，以及北歐國家的旅行重點分享。

### ◈ 其他歐遊非重點國家：南歐巴爾幹地區

必須說明的，除非旅者本身附有特殊身分，例如擔任記者，或商務方面的需求，否則包括南歐以及東歐有些國家，並非一般旅行規畫考量國家，事實上，就算想參加旅行團，也少有這樣的承辦單位。

其實除了少數地區是因為戰爭或動亂，所以較不宜前往外，真正不推薦主要不是因為安全考量（畢竟，所謂歐洲火藥庫，那是屬於二戰前的名詞，現在大部分國家都已經現代化民主化），而是因為從過往到現代累積的旅遊資源太少（亦即較少人去那一帶出遊，也難以累積長期旅遊資源，不被旅遊業者列為優先考量）。

當然有些國家本身積極開發在地旅遊資源，後來也打造出觀光市場（只是依然算是小眾市場），最典型的就是旅行社經常包裝的三國之旅（保加利亞、羅馬尼亞、阿爾巴尼亞），後來又逐步拓展到馬其頓，以及科索沃的五國之旅。

至於更靠近奧地利的兩個國家：克羅埃西亞、斯洛維尼亞（雖然緊鄰奧地利，也離第九章介紹的羅馬尼亞、保加利亞很近，但這兩國被歸為南歐），則更早接受到觀光洗禮，我本身造訪過這兩個國家，也對當地的美麗風光留下深刻印象。

## ※ 斯洛維尼亞、克羅埃西亞

我是在 2022 年八月，以約兩周時間遊歷這兩個國家。

斯洛維尼亞，日常生活中，我如果跟身邊介紹這個歐洲國家，可能十個有九個會搞不清楚，不是沒聽過，就是想成是哪個非洲國家或中亞國家。實際上，斯洛維尼亞，在觀光上也算有用心，乃至於被 BBC 電視台譽為推薦女性旅行的國家之一，據說，就算深夜女孩一個人在首都的馬路上，也沒有安全疑慮（其實台灣很多城市也是很安全啊！深夜出門不需要害怕的）。我自己在斯洛維尼亞駐留期間倒是沒特別試驗夜遊（畢竟白天玩得都很累了），但我覺得斯洛維尼亞依然有扒手問題，另外我當時是由奧地利搭火車，通往斯洛維尼亞的布萊德湖，在火車上被查驗護照，原來海關人員就在火車上作業，這也挺特別的。

### ● 斯洛維尼亞必去城市：首都盧比安納（Ljubljana）

斯洛維尼亞雖然在台灣沒甚麼名氣，但如前所述其被譽為適合女性旅遊，此外，也被《國家地理》雜誌評為世界上可持續旅遊性最佳的國家。其中很重要推薦的一個城市，就是他們的首都盧比安納，這個城市有著許多重要的巴洛克風格和新藝術風格的建築。

去過許多的國家，許多的首都，難免看到許多世界村大同小異類似城市風貌，但在盧比安納沒這樣的問題，鄰

近阿爾卑斯山山麓，且有著盧布爾雅尼察河穿越，可說是兼具大自然以及歷史人文之美，這也是另一個我走到每個角落手機拍不停，很多照片都可以拿來當風景明信片的地方。

其實雖是首都，但盧比安納應該被當成個小鎮來看，人口很少不到 30 萬，漫步其中，悠閒雅適。

## ● 高山上美麗的冰蝕湖：布萊德湖（Lake Bled）

斯洛維尼亞被旅遊媒體推薦，還有一個很大因素，就是這裡的大自然風光，斯洛維尼亞以喀斯特地貌著稱。並且有著三項世界遺產。

距離首都只有五十五公里的布萊德湖，則有著另一種迷人的地景地貌，這個湖被山林環繞，美不勝收，湖中有一個天然島嶼叫做布萊德島，島上有著中世紀保存至今的教堂。湖的北岸還有城堡，不同的季節有不同的風情，身處其中有種位在神話仙境中的感覺。

布萊德湖，另有歐洲之眼稱呼，另外也被選為世界十大美麗湖泊之一。

既然來到此，通常也會順遊文特加峽谷，這是個適合健行的地方，沿路可看見山水共同交織的大自然彩畫，有激流有絕壁（令人聯想到台灣的太魯閣）。這裡跟布萊德湖間，有接駁交通車。要注意的是，文特加峽谷旅行有季

節限制：僅在 4 至 11 月間開放。

## ● 克羅埃西亞必去景點：十六湖國家公園（Plitvice Lakes National Park）

以克斯兩國十四天之旅來看，我在斯洛維尼亞待了四天，卻在克羅埃西亞玩了十一天，整體來看，克羅埃西亞可以玩的景點更多。

克羅埃西亞比斯洛維尼亞知名，因為兩大因素：第一，長久以來這裡就被視為歐洲的後花園，第二、近些年來很受歡迎的電視影集【冰與火之歌系列】，很多重要場景就是在此拍攝，再接著錦上添花的是，又有歐洲媒體評分這裡是歐洲最佳旅遊勝地。相信光從這些訊息，讀者就可以想像克羅埃西亞有多美麗。

而說起克羅埃西亞，旅遊界一致推薦的第一名景點，絕對就是十六湖國家公園了，這裡有多美呢？公園本身已經被列入世界遺產，我去造訪真的也被那裏的美震懾到，那種美難以形容，只能說是美如仙境。

所謂 16 湖，顧名思義是因為這裡有分布在山間的十六個湖，而這些湖的成因，也是該景區的最大特色，就是因為這裡的石灰岩地形（喀斯特地形），才造就這些高低落差不同的湖泊，也形塑一種奇幻世界的美感。

其他克羅埃西亞，我推薦的景點還有：

1. 杜夫羅尼克（Dubrovnik）

2. 史普利特（Split）

3. 扎達爾（Zadar）

4. 札格瑞布（Zagreb）


◈ **歐遊國人較少去的國家：北歐五國**

提起北歐，人們會想到甚麼呢？肯定會想到冰天雪地以及極光。也的確，這是造訪北歐國家務必要去欣賞的點。只不過冰天雪地易覓，可是極光卻難遇，那是屬於人類無法控制的大自然奇景，有時就算專程去守候也不一定看得到。

在台灣，有不少人把追極光，列為一生中的很重要旅遊目標。而由於極光只有少數地方可以看到（極光，自然就是位在近北極的地方才看得到），光距離因素就有龐大成本，更何況，賞極光通常要搭郵輪，那費用更加高昂，因此若有人可以去追極光，多半事先已經存了很多年的錢，這樣的旅程，若後來沒看到極光肯定超級失望（不過國內極光旅行團，很多都會在行程上提醒：不保證看到極光）。

其中被列為賞極光最佳十個國家中，北歐就佔了四個

國家，依照被評比看極光之美最佳程度排行順序：挪威、芬蘭、冰島以及瑞典。

我本身是在挪威的特羅姆瑟／阿爾塔看到極光的，確實給我帶來一種心靈震撼，光看到極光就覺得不虛此行。

我是在 2022 年在北歐旅行一個月，一個月看似很長，但其實只夠我去兩個國家：冰島以及挪威。即便在挪威我待了長達 21 天，還是很多想去的地方尚未造訪。記得當時跟我同行團隊裡團員，有提到他想去挪威北部的一個景點（北角），因為挪威是地形狹長國家，並且中間很多地形阻隔（例如峽灣），從較多旅遊景點的南方要驅車去達北方，若搭乘大眾運輸要一整天時間，且中間有複雜的轉車流程，若自行開車路途遙遠後來未能成行。

雖然我在 2022 年尚未造訪挪威最北部地區，但有朝一日還是會去一趟。去北挪威最主要就是要體驗「日不落」（也就是永晝）是怎樣的氛圍，當然，還是要搭配對的季節才能有這樣的體驗（以知名的夏日島來說，從五月中起會有連續 69 天的永晝，相對來說，11 月開始會碰到永夜）。

● 北歐旅行不可錯過的：欣賞峽灣之美

以挪威來說，當時去旅行最想看的是峽灣（相較來說，極光像是額外的驚喜）。

峽灣是由於冰川侵蝕河谷所形成的地形，也就是累積千年萬年被冰川硬生生切割出來的峽谷，而如果是在海邊，後來海水灌了進來，這就形成峽灣。對於國人來說，由於生活在亞熱帶，這是一生難見的景觀，事實上，就連歐洲人也大部分都沒看過，因為這只有靠近北極的國家才看得到，而挪威正是這樣的國家，其又被稱為峽灣之國。到挪威肯定一定要來見證峽灣的壯闊。

當然，峽灣也不能說是一種景點，畢竟，好比挪威第一長的松恩峽灣，長達兩百多公里，旅人只能身在其中，而不是單一景區造訪。對於像我這樣的亞熱帶出身女子，能夠倘佯在挪威這個白色世界，這本身就是一種難忘體驗。

深入遊峽灣，其實就是一步步通往地球的極北，那兒的風光，絕對超乎來自東亞及東南亞朋友的想像，而將峽灣結合冰雪封凍的島嶼，點綴著雪色中的漁村，傍晚燈火映照下，有如童話有如仙境，這就是令我印象非常深刻的羅浮敦群島，不愧被稱為世界最美島嶼。

這個群島其實已經位在北極圈內，當我們翻開世界地圖，看到挪威是一個南北向狹長的國家，而其中在靠北的國境，有段海岸有著形貌密集但往外突出的一塊，那裏就是羅浮敦群島，這裡不論是景觀上或地理位置上，還真的

是典型的世外桃源，美到令人流連忘返，不過真的實在很遠，往返也是會累，所以我後來在遊歷過羅浮敦群島，有朋友說要往北去到北角，我就婉拒了，列入下回再繼續的行程。

● **北歐旅行不可錯過的體驗：冰島自駕**

冰島，如同其名是個冰天雪地的島嶼，也是個國家。以面積來看，是個比台灣大 2.8 倍的島。各位讀者想想，在一個這麼大面積的地方，開車兜風，四處都是白色世界，那是怎樣的令人讚嘆刺激？

而以國家人口來看，冰島人口真的太少了，人口竟然只有三十多萬，只相當於台北市大約一個區的人口，在那麼大的土地上，卻只有那麼少的人，換句話說，就是可以開車體驗人煙稀少，很多時候杳無人煙，四處都是一望無際的冰雪，讓我想到村上春樹的名作《世界末日與冷酷異境》。

冰島人口如此的少，其實是理所當然的，冰島實在環境很惡劣，處在冰天雪地，沒甚麼糧食資源，這對國家生存是個考驗，不過若換成觀光資源，就真的是很獨一無二。我們旅行團隊在冰島前後十多天的旅程，那種體驗是其他國家旅行無法取代的。

## ● 整理北歐旅行郡珍推薦的景點

### ※ 挪威

＊極光（特羅姆瑟 Tromso ／阿爾塔 Alta）

＊羅浮敦群島（Lofoten Islands）

＊挪威縮影（Norway in a nutshell）

＊卑爾根（Bergen）

＊聖壇岩（Preikestolen, The Pulpit Rock）

＊維格蘭雕刻公園（Vigeland Sculpture Park）

### ※ 冰島

＊索爾黑馬冰川（Sólheimajökull Glacier）健行

＊傑古沙龍冰和湖（Jokulsarlon）＆ 鑽石沙灘
（Diamond Beach）

＊辛格維利爾國家公園（Þingvellir National Park）

＊米湖溫泉（Mývatn Nature Baths）

＊黑沙灘（Reynisfjara Beach）

### ※ 丹麥

＊哥本哈根（Copenhagen）

小美人魚（The Little Mermaid）／新港（Nyhavn）／
運河之旅

## ※ 瑞典

＊斯德哥爾摩（Stockholm）

斯德哥爾摩（Stockholm）地鐵巡禮

斯德哥爾摩市政廳（Stockholms stadshus）

瓦薩沉船博物館（Vasa Museum）

斯德哥爾摩老城（Gamla Stan）

必吃人氣魚湯（Kajsas Fisk）

# 珍心好期待

準備好，跟著郡珍去旅遊吧！

**Chapter.12**

........................................................

# 怎樣啟動你的歐洲旅行？

　　坐而言不如起而行，所以，明天就啟程赴歐洲吧！

　　且慢且慢，哪有那麼快的，出國總要辦護照訂機票吧！

　　是的，可見你真的有認真讀這本書。

　　本書來到最後，讓我來整理歸納一下，旅行的具體行動準則。

　　分成行前準備篇以及實戰應對篇，本篇先來談行前準備。

◇ **確認自助旅行就是最優的歐旅方式**

　　歐旅可以不用你想像那麼的貴，但當然出國也是需要一筆費用。但抱持著在安全且保有一定品質，也不忘旅遊的初衷前提下，我們該怎麼規畫旅程？

首先，讓我們分別針對跟團旅行以及自助旅行，來做個簡單比較：

|  | 郡珍模式的自助旅行 | 一般旅客跟團行程 |
|---|---|---|
| **旅行目的地** | 先設定好要去的國家及地區 | 通常有個大方向目標然後聽從旅行社安排 |
| **旅行景點** | 優點：自己列出想去的景點<br>缺點：必須事先勤做功課 | 優點：一切交給旅行社安排<br>缺點：實際上不能決定自己想去哪裡 |
| **旅行深度** | 優點：可以盡興的以自己節奏好好遊歷不同地方<br>缺點：凡事自己張羅，有些人覺得比較辛苦 | 優點：只要當個消費者等著被接待照顧就好<br>缺點：走馬看花經常時間很趕，少了旅遊品質 |
| **訂機票** | 優點：保證可以用比較便宜方式買到機票<br>缺點：自己行前要辛勞些 | 優點：凡事交給旅行社<br>缺點：用高成本取得機票 |
| **訂飯店** | 優點：既可以用更便宜價格也可以選擇符合自己喜好的旅宿<br>缺點：可能就不是那種高檔星級飯店 | 優點：跟著旅行團住宿的通常都還不錯<br>缺點：用高成本取得住宿 |
| **護照簽證** | 自理 | 旅行社代辦（但也要多收錢） |
| **安全性** | 只要做好規畫，團體自助旅行很安全 | 有專業導遊，安全是必要的（但須額外小費支出） |

| | | |
|---|---|---|
| **費用支出** | 1. 事先做好規畫可以省掉很多錢<br>2. 在歐洲旅行期間，也可以彈性控制開銷<br>3. 最終可以大大節省旅遊經費 | 1. 從一開始就依照旅行社的報價，通常都不便宜（相應出遊天數來說）<br>2. 會有那種置入性行銷，半強迫旅客買東西<br>3. 整體花費加起來金額龐大，很傷荷包 |
| **回顧及回憶** | 會有個充滿樂趣回憶，很特別的旅行，真正做到深度之旅 | 回憶起來，除了走馬看花拍照趕行程，似乎記憶點不多，只能跟同事說去過歐洲了，但沒甚麼深度故事 |

　　所以，從這裡就可以確認，自助旅行是最佳旅遊方式。當然，對於很少出國或之前從未去過歐洲的朋友，採自助旅行方式去歐洲，內心還是會感到怕怕的。其實可以透過組成旅遊同好群組，例如加入郡珍老師的群組，自己不懂歐旅沒關係，跟著專家，可以邊玩邊學，有了經驗，下次你也是個老鳥。

　　這種跟著達人旅行的方式，可說兼顧著旅行社般跟團旅行，以及想要自由自在的個人旅行兩邊的好處。


◈ **個人的行前準備**

　　旅行當然不是今天想到要去，很快就成行。只有日韓

或大陸內地比較可以如此。若是歐洲，建議要在半年前（或者至少提前三四個月規畫），例如我在 2023 年夏天就已經大致規畫好 2024 年年中前的兩個深度之旅：先去日本，之後是北歐，都是駐留一兩個月以上。

假定以今天為起點（好比你今天剛讀完這本書，躍躍欲試也想來趟歐旅），那麼你現在要做的事：

### 1. 加入正確的群組

如果你是歐旅的新人，這是重要的第一步，你一定還是需要前輩指導。

### 2. 規畫明年你可以旅行的時段

這部分不強求，以郡珍本人來說，因為退休了，可以規畫可能一年到頭人都在海外，但我知道這對國人（不論是上班族或事業經營者）有難度，所以不要給自己壓力。一開始嘗試著十天到兩周的行程。以上班族來說，好比十四天行程，可以請十天年假搭配事假（若碰到國定假日，就可以請更少的假），若是兩周真的有困難，十天也可以（扣除周六日，真正只要請六天）。

總之，時段必須先訂下來，訂了後，就可以預先做規畫。例如跟公司提前報告這件事，也可以事先做好交接，並提早把自己的工作完成。

### 3. 準備好相關預算

旅行一定要花一筆錢，但不至於影響你生活。重點在於：事先規畫，分散存款計畫。

　　好比初次歐旅來說，依不同的旅行地點，預算不同，但總之經過用心規畫（好比搭配郡珍的線上指導），可以算出一個大致金額。大約十天到兩周的旅行，可以壓縮到十到十五萬間。

　　這筆錢分兩部分：

　　a. 事前要付的（機票以及住宿的訂金），

　　b. 以及旅行過程的花費

　　事先要付的部分，其實可以透過刷卡，結合有些信用卡無息分期付款，每期要繳納的錢並不多。至於旅行預計花的錢，其實真正要帶的現金有限，主要花費可能還是刷卡，所以也是分期攤還，實在說，十多萬元，且有一半花費是明年旅行回來再每月攤還，並不是多大的壓力。

　　並且，一旦確定好行程，好比明年五月要去歐洲，那如果是半年後的事，這中間就可以規畫每個月薪水中保留多少錢做旅行基金（平日省一些，但也不需要到影響生活品質），存 6 個月加上年終獎金，這筆錢真的不會有甚麼問題。

　　這裡我都還沒提到動用你原本甚麼定存，或從小到大的儲蓄，真的歐旅結合預先規畫以及聰明刷卡，是人人都

可以做到的。

### 4. 確定好目的地行程

目的地很重要，但為什麼在準備事項中排第四個步驟，要先有預算再來確認行程呢？因為的確不同的預算影響行程訂定。

除非有的人就是立定了志向，我這趟就是要去看巴黎鐵塔，我這趟就是要看極光等等的，那就只能朝提高預算努力（去法國以及去北歐，預算都要比較多，一方面物價貴，二方面很多景點的交通成本及觀光票價較高）。

一般對於初次歐旅者，我建議可以專案方式跟達人（例如郡珍老師）討論，好比我預計有十天時間有十五萬預算可以怎樣規畫？跟我預計可以花一個月時間整個預算二十萬，那給的建議是不一樣的。

### 5. 等以上都確認後，就可以翻開行事曆，把這件事排入明年行程，並開始進行以下準備工作：

a. 確認護照事宜。

b. 訂定每月存錢計畫。

c. 有機會就去張羅相關書籍或上網查資料，了解旅遊當地資訊。

這裡特別要提醒的預做功課項目（當然，若跟著郡珍老師，她也會事先給你提醒）。

**＊季節性因素（很重要，卻常被忽略）**

有的景點，某些季節沒開放，或者不適合。

或相反地，有的景點某些季節特別適合去（例如夏季或冬季）。

此外，依我的經驗，有些國家夏天真的很熱，就不適合安排盛夏（七、八月）成行。

**＊需要預訂的項目**

不要以為外國觀光客最大，去海外大家都要配合你。

實際情況，很多事如果沒準備，到現場可能只有白跑一趟。

例如到博物館，沒事先買票不能進去。或想搭車，座位早就賣完了。

不論是吃（預先查資訊，很想去的打卡餐廳），或玩（各種門票），很多都要事先訂票，透過網路，在台灣就可以訂票。

**＊最後特別要查的，是很特別的在地情報**

例如某某景點，哪個時間剛好免費？

一年一度的甚麼嘉年華會就在幾月舉行？

去當地城市要特別造訪的名店（餐廳或特色商店）。

其他像是當地必買小吃，或必定要拍照的景點等等。

d. 如果可以的話，準備一本專為此次歐旅購買的冊

子，把以上注意事項記錄下來。在旅行前也可以做成檢核表。這樣就萬事 OK 啦！

其實以上整個做下來，一點也不麻煩，不會花太多時間，一點也不影響自己本來的工作，輕鬆搞定。如果跟團全部推給旅行社，結果花了數倍的錢，卻又得不到自己想要的，那就真的是浪費。

# Chapter.13

.........................................................................

# 擁有不一樣的旅程

　　自助旅行，是我非常推薦的，不僅僅是因為省錢，也因為，可以真正的享受一趟旅行。照著自己喜愛的節奏：想去哪個小鎮就繞過去（如果是旅行社跟團，就不可能如此），哪個景點要停多久就停多久，看到浪漫的咖啡館，時間充裕的情況下，也可以率性的就把整個下午泡在那邊。以自助旅行來說，都是可以的。

　　當然，前提也要是我們事先已經做好規畫，以自助旅行可能一個團隊四到十個人來說，大方向（也就是幾號出發，在哪個城市停留幾天，住哪個飯店，幾號搭機回台等等）都是確認的，細節方面則可保有一定彈性，此外在某個定點，例如假定今天整天都待在這個小城鎮，夜晚也住這，那白天時候也可以自由分組，各自帶開，只要透過手機保持聯繫，晚上約好見面時間就好。充分享受不必被導遊催趕的放鬆行程。

　　陸續來介紹幾個歐旅讀者會關心的問題。

◈ **我該選擇怎樣的旅程？**

首先，我要再次強調，歐旅其實是可以很平民的，既然很平民，就不用再擔心可能「一生只有一次」這樣的問題，抓住竅門，你是可以去很多次的，如果你現在還年輕，二三十歲或是學生，那你這一生絕對有可能好好把每個歐洲國家玩透透。

在介紹怎麼選擇歐洲旅程前，我以資深達人來分享我的戰果紀錄法。

對我來講，要怎麼安排下次旅程？最簡單的判斷方式，當然就是選擇「我還沒去過的地方」。

我的戰果紀錄，分成兩個層級：

**1. 歐遊制霸地圖**

其實這是一種集點數的概念，就是凡是去過的地方，就把空白處塗滿或打個勾，最早時候，大約千禧年時候，台灣就有天下雜誌舉辦的319鄉鎮走透透，把台灣各鄉鎮的圖分別弄成空白，分縣分頁，旅人每到一個鄉鎮就去蓋章，目標是集滿全台319鄉鎮，後來進階到369鄉市鎮。

而近十年來，也逐漸流行「某某制霸」地圖，記得最早是日本制霸，後來也有中國制霸等等。都是把空白填滿的概念。

連地區制霸都有了，自然有全球制霸圖，相信各位讀

者上網搜尋關鍵字「制霸」，一定可以找到相關的連結，然後下載到自己的電腦，就可以進行旅遊管理了；也就是說，一個人如果把制霸圖中每個框都填滿，那就代表他全世界走透透啦！

我本身沒認識這麼會旅行的人，把制霸圖的框框都填滿的，我自己連歐洲也都還沒玩完。但基本概念就是「享受人生，留下紀錄」。好比去過英國，就把英國填滿，去過西班牙就把西班牙填滿，最終看歐洲地圖，哪裡還有白色，就代表等著你去「征服」的地方。（例如以我的版本，我歐洲大部分都填滿了，只有東歐有幾處空白）

而如果，要玩更進階的，那就是深入到以「國」為單位的制霸，那就比較像是不可能的任務，但每次旅行還是可以增添樂趣。並作為下次旅行的參考，旅行就像是場遊戲，以一生來追求英國（及愛爾蘭）制霸，來追求法國制霸。你看，是不是很好玩？

## 2. 旅遊插旗

上面介紹的制霸圖，任何人都可以上網找到免費的模組，或者有人很有心，自己真的去訂製一個，乃至於拿出地圖在上面做記號也可以。

不過所謂地圖制霸，針對的只是行政區，例如歐洲的各個國家，或者一個國家的各個州縣等等。

但以我這深度旅者來說，這不能滿足我。我本身的習慣，我會在自己訂製的版本的地圖上插旗。

　　其實這個功能，每個人手機上的 Google 地圖都有，只是要透過自己去標註，我們打開手機都可以看到自己處在哪個國家哪個城市，也可以瀏覽全世界地圖，找到自己的「曾經」，例如我曾去到哪些地方玩，哪個餐廳吃飯等等。這適用在所有國家。

　　我的習慣，好比說英國，我會在地圖上標記兩類的記號，一類是去過的景點，一類是想去的景點。用不同顏色標記（分別是綠色及黃色）。那麼我去旅行要怎麼安排下去行程呢？很簡單，假定去英國，我打開 Google 就可以看到自己已經去過哪些景點了？而哪些景點插了黃旗，想去但還沒去？這樣就很好規畫旅行。

　　以上是我的版本，至於一般新手想要規畫歐旅，就如前章所述，可以跟專家討論。


◈ 特定的旅程安排

　　旅行，不是隨心所欲。當然，小的地方，好比今天整天就停留在倫敦，那你一個人怎樣在倫敦玩？可以隨心所欲。但大方向還是要事先規畫。

　　一般來說，規畫分成以下三大類：

● **一般歐遊探勘之旅**

也就是我經常以半服務的心態，協助及帶領初次到歐洲的朋友，可以選定一個地方（例如英國，法國、西葡等），做在地深度旅行。不限主題，重點是想要去的城市及景點都盡量去造訪。

說是探勘，意思就是說這回是第一次，以後有機會還會再來。

下回可能就是主題式旅行。

● **主題式旅行**

所謂主題，並不是說這回去歐洲就只從事這件事，好比文化之旅，就只能到處看博物館，實務上還是很彈性的，只是會安排較多時間去跟文化有關的巡旅。事實上，在出國前也會事先選定跟文化主題相關的城市。

其他各種主題，有的是登山之旅，有的是古文明之旅，追極光之旅、賞花之旅。或有的是型態上，美食為主的旅程，血拼名牌為主的旅程等等，都可以預先規畫。

● **特殊性質旅行**

最常見的就是蜜月旅行，還有結合年輕人的語文學習之旅，另外有專門行業考察之旅，或商務考察之旅。也都是只要經過用心規畫，就可以既達到旅行目的，又可以符合原本設定目標。

.....................................................................

# Chapter.14

# 總結歐旅注意事項

　　本書不是旅遊書，因為一般旅遊的景點介紹，大家隨手 Google 都查得到，本書重點在於分享自助旅行的觀念，也簡單介紹歐旅可以參訪的景點。重點還是要強調每個人只要做好準備，都可以安排快樂的歐洲之旅。

　　本書最後以 Q&A 方式，整理一些旅行注意事項，分享給讀者。

## Q. 如果我從來沒去過歐洲，建議從哪個國家著手

　　A. 我的建議是葡萄牙，這個建議聽起來很另類，其實是因為，第一，這裡物價便宜，不會帶來太大旅費壓力。第二，葡萄牙旅行，交通很方便（飛機直飛里斯本，之後到不同城市皆有火車可搭）。但又不像倫敦這樣的大

都會那麼方便。來這裡自助旅行，正好可以訓練一個新人旅者。一方面不會高難度，自助旅行不困難，二方面若習慣葡萄牙的旅行，進階到其他城市也變得簡單。

### Q. 對於夫妻倆想去蜜月旅行，去哪國最好呢？

A. 首先，要先問夫妻倆心中有沒有甚麼預設想要去的浪漫國家？若沒有，我的建議是去捷克跟奧地利。為什麼呢？雖然歐洲各國都有浪漫的美景，但有的是美景需要另外舟車勞頓（例如英法等大國），有的則有經費預算或行程安排上的難度（不適合初階歐旅者）。而捷克跟奧地利的好處，交通很方便，並且「整個國家」處處是美景，例如在奧地利，到處都有藝術氛圍，絕對能帶給新婚夫妻無比的浪漫回憶。

### Q. 結合預算跟天數的行程規畫戰略

A. 去歐洲之前必須先決定好去幾天，再決定去幾個國家，像是如果只想要專心玩兩國大概會是 8 ～ 10 天，玩 4 個國家則大概會是 20 天左右，當然根據每個人的旅行腳步不同，時間也沒有絕對。但在規畫之前，心裡要有個底。

了解自己想去幾天以及幾個國家。想好去幾天和幾個國家之後，可以根據機票、火車票的便宜度，來安排行程，也可以先決定要從哪國進、哪國出，決定好進出國家後，再安排剩下幾個想去的國家。

　　在安排國家時也要注意是否順路，不然一下跑南歐一下跑北歐，在交通上會很浪費時間。不過有時候也有些人會因為廉航機票時間的關係，選擇不順路的行程，但個人不建議新手這樣做。

**1. 如果只有一周行程，你可以怎麼做？**

**→只能安排單國行程**

　　十萬元玩法：歐洲機票（經濟艙）／青年旅館（大通鋪）或民宿／自己開伙

　　二十萬玩法：歐洲來回機票（經濟艙）／星級飯店／外食

　　三十萬玩法：歐洲來回機票（商務艙）／星級飯店／外食

**2. 如果是半個月到一個月行程**

**→可以安排跨國行程**

**3. 如果有超過一個月以上**

**→多國行程**

## Q. 什麼時候適合前往歐洲旅遊？各地推薦季節

**A**. 北歐：建議旅遊時間為 6 ～ 9 月

南歐：建議旅遊時間為 4 ～ 5 月

西歐：建議旅遊時間為 5 ～ 9 月

東歐：建議旅遊時間為 5 ～ 9 月

以上是以大自然的狀況來做安排（但也需考量到如今溫室效應氣候變遷），但一般所謂適合的季節，還需配合旅遊的目的，例如要登山賞雪、要看見證北極永晝等等，都可以預先查詢相關的當令時刻。此外更多的主題之旅，例如想參加威尼斯嘉年華，或逛荷蘭的花季，那就要配合相關節慶或花訊的資訊。

而若純以旅行舒適度，那主要看的是當地氣候，也就是前述大自然狀況。例如北歐夏季比較涼爽，冬季可能對亞熱帶的旅者來說太冷。南歐一般夏季實在太熱了，會讓旅途感到難受。通常最適合大範圍歐旅的季節會是春季和夏季。

## Q. 關於赴歐簽證問題

**A**. 在本書第三章曾介紹過何謂申根國家？跟歐盟或歐元國家有何不同。基本上旅行前辦歐洲旅遊免簽適用於

歐盟所有會員國及申根會員國。

免簽入境前提：護照之有效期限需 6 個月以上，並且於過去 180 天內在申根國家的累計停留天數合計不得超過 90 天（羅馬尼亞、保加利亞、賽普勒斯 3 個國家除外）。

在申根國家旅行雖然可以好似一證（簽證）走透透，去遍二三十個國家的概念。但還是要注意，申根入境是在你抵達的第一個國家辦理。此外也要注意行李轉運（主要是針對轉機的狀況，直航就比較沒這問題）。

辦理入境手續（護照蓋章）：抵達後的第一個申根國家。

提行李、海關查驗行李：目的地國家

而如同我在遊東歐時，碰到火車上被查驗護照，這裡也要提醒在申根國家內搭乘跨國火車旅行，車上通常是不會查驗護照的。但如果你是跨境到非申根國家，通常火車上就有可能查驗護照。

### Q. 關於在歐洲搭火車自由行注意事項

**A**. 在本書已多次分享，在歐洲旅行，預先辦好各種該國所提供的通行證票券，旅行會很便利。尤其善用歐洲鐵路通行證（Eurail Pass）更可以省到交通費與住宿費。

跨國火車通常會分為一般列車（Regional Trains）、景

觀列車（Scenic Trains）、高速列車（High-Speed Trains）、臥鋪列車（Night Trains）等。高速火車則另外會分一等車廂、二等車廂，都可以預定，事先要掌握好價格。

## Q. 關於搭廉航自由行

A. 旅行既可以到達目的地又可以省荷包，搭廉航是我推薦的方式。例如刻意選在淡季時買票，價格省好多。不誇張，甚至台幣五六千元預算就可以在歐洲玩幾個國家。且其實在歐洲有很多航班的選擇，重點還是那句話：「資訊的落差，等於財富的落差」，這點可以透過練習，例如現在就可以常上網搜尋廉航資訊，建立熟悉感。

另外，也注意不要省小錢賠大錢，搭廉航雖然比較省（基本上也沒安全問題），但要特別注意的是「機場」問題，就曾碰過原來飛機雖有降落到某城市，卻是某城市的一個小機場，如果加上從機場到旅宿目的地的錢，可能實際加總金額並不划算。

此外也如同本書有介紹過的，搭廉航要特別注意行李託運限制，如果沒規畫好，超重的行李又是一大筆費用。

## Q. 關於搭巴士自由行

**A.** 歐旅時，搭巴士也是一種常見的選擇。但如同大家在台灣也常搭巴士那種經驗：巴士會開比較慢、比較久（繞路繞到你分不清東南西北）。除非像有的人就是純粹想放鬆，旅程安排鬆散隨興，那可以搭巴士在異國慢慢晃，不過坐久了也挺累的就是。

歐洲常見的適合旅人的巴士：

# Eurolines

這是資深歐旅者一定搭乘過的巴士，因為這是個巴士集團，在歐洲很有規模，有跨國跨境結盟，讓旅客可以穿梭在不同國度。

# Flixbus

這是另一個集團化的巴士大眾運輸，主場地在德國，路線也遍及歐洲許多城市，當然，特別適合德國當地旅行。

# 「珍」的很會玩 歐洲篇
## 幸福旅遊達人郡珍，教你聰明旅行，快意人生玩透透

作　者／郡珍
出版統籌／時兆創新（股）公司
出版企畫／時傳媒文化事業體
出版策畫／林玟妤
出版經紀／詹鈞宇
美術編輯／達觀製書坊
責任編輯／twohorses

企畫選書人／賈俊國

總 編 輯／賈俊國
副總編輯／蘇士尹
編　　輯／黃欣
行銷企畫／張莉滎、蕭羽猜、溫于閎

發 行 人／何飛鵬
法律顧問／元禾法律事務所王子文律師
出　　版／布克文化出版事業部
　　　　　台北市中山區民生東路二段 141 號 8 樓
　　　　　電話：(02)2500-7008　傳真：(02)2502-7676
　　　　　Email：sbooker.service@cite.com.tw
發　　行／英屬蓋曼群島商家庭傳媒股份有限公司城邦分公司
　　　　　台北市中山區民生東路二段 141 號 2 樓
　　　　　書虫客服服務專線：(02)2500-7718；2500-7719
　　　　　24 小時傳真專線：(02)2500-1990；2500-1991
　　　　　劃撥帳號：19863813；戶名：書虫股份有限公司
　　　　　讀者服務信箱：service@readingclub.com.tw
香港發行所／城邦（香港）出版集團有限公司
　　　　　香港灣仔駱克道 193 號東超商業中心 1 樓
　　　　　電話：+852-2508-6231　　傳真：+852-2578-9337
　　　　　Email：hkcite@biznetvigator.com
馬新發行所／城邦（馬新）出版集團 Cité (M) Sdn. Bhd.
　　　　　41, Jalan Radin Anum, Bandar Baru Sri Petaling,
　　　　　57000 Kuala Lumpur, Malaysia
　　　　　電話：+603- 9057-8822　　傳真：+603- 9057-6622
　　　　　Email：cite@cite.com.my

印　　刷／韋懋實業有限公司
初　　版／2024 年 2 月
定　　價／450 元
ＩＳＢＮ／978-626-7431-17-7
ＥＩＳＢＮ／9786267431184（EPUB）

城邦讀書花園　布克文化
www.cite.com.tw　www.sbooker.com.tw